James Krüss

James' Tierleben

James' Tierleben

*Eine kleine Zoologie zur Unterhaltung und Belehrung
und zum Lesen und Vorlesen für die ganze Familie
in 99 gereimten Lektionen ausführlich dargestellt von*

James Krüss

Mit reichem Bildschmuck versehen von
Eberhard Binder

*Verlegt
und einem wohlmeinenden Publikum
empfohlen und angeboten von*

Der Kinderbuch Verlag

DIE GEDICHTE IN DER REIHENFOLGE DES BUCHES

1 Was findet ihr in diesem Buch?

2.–14. Lektion

Als ich noch ein kleiner Fisch war

Aus meinem Tierleben

2 Lied des Menschen
3 Als ich noch ein kleiner Fisch war
4 Als ein Delphin war ich verspielt und klug
5 Aus meiner Schildkrötenkindheit
6 Ich war einmal eine Schnecke
7 Erinnerung an meine Eidechsenzeit
8 Meine Gazellenjahre
9 Aus meinem Löwenleben
10 Als ich Kamel noch Klara hieß
11 Ich war die Sonne auf dem Hühnerhofe
12 Ich war ein Adler, und ich war es gern
13 Mein Affenabenteuer
14 Nun bin ich Mensch

15.–24. Lektion

Don Alfredo war ein Windhund

Kleiner Fabelgarten

15 Der Kater und die Maus
16 Die Stadtmaus und die Feldmaus
17 Der Windhund und der Löwe
18 Die Löwenbändigerin
19 Der ungebetene Strauß
20 Der arme Hund
21 Die Giraffe und der Autobus
22 Der gerissene Fuchs
23 Der Fuchs und die Trauben
24 Der Wolf als Hirte

25.–35. Lektion

Der Auerhahn hält viel von der Verlobung

Tierfeiern

25 Wenn die Tiere Sachen machen
26 Morgenmusik
27 Osterspaziergang
28 Hasenzirkus
29 Wenn Hasen reisen
30 Die Verlobung des Auerhahns
31 Nilpferd-Hochzeit
32 Der Eisbär und das Hermelin
33 Adler, Geier, Nebelkrähen
34 Zirkustierpläsierchen
35 Abgesang der Zirkustruppe

36.–41. Lektion

Ein Seebär ist ein seltnes Tier

Schöne-Unsinns-Zoologie

36 Ein Seebär ist ein seltnes Tier
37 Barsch-Begräbnis
38 Der Eisbär und die Königin
39 Der Kanari und der Papagei
40 Spatzenlügen
41 Mister Jamaica

42.–53. Lektion

Ein kleiner Schwan ist auch ein Schwan

Tierkindergarten

42 Ein kleiner Schwan
43 Küken-Kindergarten
44 Seefohlen
45 Die kleinen Pferde heißen Fohlen
46 Die kleinen Wellensittiche
47 Kleine Füchse
48 Kleine Katzen
49 Kleine Hunde
50 Wer erzieht den kleinen Elefanten?
51 Affenschule
52 Einhornkinder
53 Wann ist ein Phönix Kind?

54.–62. Lektion

Ein Mops aus Nicaragua

Hundekunde

54 Kleine Hunde-Kunde
55 Die Spi-Fo-Chow-Mo-Rasse
56 Seltsames Zwiegespräch
57 Der begossene Pudel
58 Der Fox und die Hühner
59 Der musikalische Hund
60 Der kleine Dackel Kasimir
61 Der Mops und das Kätzchen
62 Hundesprache

63.–71. Lektion

Es sprach die Maus zum Floh

Tiere auf dem festen Land

63 Es sprach die Maus zum Floh
64 Ein Schäfchen kam im Mai daher
65 Der verstörte Tausendfüßler
66 Das Lämmlein Agathe
67 Das Reh
68 Die blaue Blume und der Ziegenbock
69 Die verzauberten Hasen
70 Der Esel als Präsident
71 Lamm und Kalb

72.–81. Lektion

Ich möchte mal auf einem Seepferd reiten

Tiere auf und unter dem Wasser

72 Ich möchte mal auf einem Seepferd reiten
73 Medusen
74 Sardinen
75 Seeschlangensong
76 Hinterglastiere
77 Hummerjan
78 Der Hai und der Delphin
79 Das Nilpferdkind
80 Der Wassermann und die Krebse
81 Das Lied der Tritonen

82.–90. Lektion
Wer die Spatzen will begreifen

Spatzen und anderes Geflügel

82 Spatzen-Internationale
83 Anzeigen aus dem Spatzenkurier
84 Spatz hört mit!
85 Die Mücke Monika
86 Eine Mücke wollte reisen
87 Der Uhu und die Unken
88 Die Reise nach Rom
89 Die Biene Liane
90 Das berühmte Huhn

91.–99. Lektion
Schmock war ein kleiner Schneider

Tiere und Menschen

91 Der Sperling und die Schulhof-Kinder
92 Fritz und Bumm und Ganymed
93 Annabella Apfelstrudel
94 Der Jäger Löffelmann
95 Der Floh im Wald
96 Schneiderlein Schmock
97 Eine Frau und zweiundzwanzig Tiere
98 Die Senjorita und der Papagei
99 Der Falke

2.–14. Lektion

Als ich noch ein kleiner Fisch war

Aus meinem Tierleben

2 Lied des Menschen

Ich bin ein Mensch; doch bild ich mir nicht ein,
Ich könnt im Dunkeln besser sehn als Eulen,
Ich könnte lauter als die Wölfe heulen
Und könnte stärker als ein Löwe sein.

Ich bin ein Mensch; doch glaub ich nicht, ich sei
So glücklich wie Delphine, wenn sie springen,
So selig wie die Meisen, wenn sie singen,
Auch nicht so schnurrig wie ein Papagei.

Ich bin ein Mensch und doch in jedem Tier,
In Laus und Adler, Raupe, Pfau und Schnecke.
Sie sind die fernsten Ahnen, und ich stecke
In jedem Tier, und jedes steckt in mir.

Doch bin ich Mensch in ganz besondrem Sinn.
Wenn Tiere schnurrig sind, verspielt und heiter,
Dann sind sie schnurrig, heiter und nichts weiter.
Ich aber *weiß* es, wenn ich glücklich bin.

Was Tiere sind, das sind und bleiben sie.
Ein Wolf bleibt Wolf. Ein Löwe bleibt ein Löwe.
Doch ich kann alles sein, Delphin und Möwe.
Ich bin ein Mensch. Ich habe Phantasie.

3 *Als ich noch ein kleiner Fisch war*

Als ich noch ein kleiner Fisch war,
Noch ein winzig kleiner Fisch war,
Als das Meer mir Haus und Saal,
Schlafstatt, Wohnstatt, Bett und Tisch war,
Damals lebte ich einmal
In einer Höhle im Meer.
Die gefiel mir sehr.

Ich schwamm zwischen roten Korallen
Nah am Hummer vorbei.
Der Einsiedlerkrebs verkroch sich vor mir.
Vielleicht glaubte das ängstliche Muscheltier,
Ich wäre ein Hai.

Manchmal sah ich im Dunkeln
Aus einer Nische im Stein
Ein Polypenauge funkeln.
Darum schwamm ich nie
In die Nische hinein.

4 Als ein Delphin war ich verspielt und klug

Als ein Delphin war ich verspielt und klug.
Das kann so mancher Mensch nicht von sich sagen.
Ich war vergnügt und frei an allen Tagen.
Mir war der Ozean kaum groß genug
Für all die Freiheit, die ich haben wollte,
Auch wenn er tobte und mit Wogen rollte
Und schwere Brecher an die Küsten schlug.

Ich kannte manche Bucht, die ruhig blieb,
Wenn auch das ganze Meer von Grund auf schäumte,
Und manche andre Bucht, in der ich träumte,
Wenn mirs der Ozean zu stürmisch trieb.

Sobald es ruhig war, schoss ich ins Meer,
Ins offne Meer hinaus, um dort zu springen.
Das war ein Tanz, ein Spiel, ein stummes Singen.
Ich denke gern daran. Lang, lang ists her.

Und kam ein Menschenschiff, schoss ich vergnügt
Um seinen Bug herum in weißen Wellen.
Ich konnte rascher und behänder schnellen
Als jeder Dampfer, der das Meer durchpflügt.

Kein Feind bedrängte mich. Allein den Hai
Musste ich rammen, wollte er mich schrammen.
Sonst lebte ich, mit anderen zusammen,
In allen Meeren friedlich, froh und frei.

Oft stützte ich mich mit der Flosse
Auf einen Algenbaum.
Dann sah ich von hier
Hoch über mir
Weiße Schnörkel aus Schaum.
Unter mir krochen gemächlich
Muscheln über den Grund,
Und ein Papageienfischfräulein
Machte den Mund
Ganz rund.
Dann formte es mit dem Munde
Bläschen aus Luft, und die
Trudelten in die Höhe,
Und oben zersprangen sie.

Einst schwänzelte das Fräulein
Ins Dunkel hinein
Zum Polyp.
Doch das grässliche Vieh
Umklammerte sie
Und röchelte:
„Du bist mein Typ!"

Ich konnte ihr nicht mehr helfen.
„Adios!", gluckste ich bloß;
Denn der Kampf mit großen Polypen
Ist für kleine Fische
Aussichtslos.

Da verließ ich die rote Höhle,
Wo der Große den Kleinen frisst,
Hoffend, dass ihre Seele
Jetzt in einer Seeschwalbe ist.

5 Aus meiner Schildkrötenkindheit

In einem warmen südlichen Land
Lag einst ein Schildkrötenei im Sand,
Und in dem Ei lag ich.
Ich fand das gar nicht sonderbar,
Weil ich ein Schildkrötenbaby war,
Das noch nichts vom Leben verstand.

Ich lag in dem Ei vielleicht einige Wochen.
Dann bin ich endlich herausgekrochen,
Um meine Mutter zu sehn,
Meine Mutter, die mich so lang behütet,
Mich warm gehalten, mich ausgebrütet,
Meine Mutter war wunderschön.

Panzer und Beine hatte sie nicht,
Aber ein rundes gelbes Gesicht.
Sonne wird sie genannt.
Sie streichelte mich, sehr weich und warm.
Dabei hat sie weder Bein noch Arm,
Ja, nicht einmal eine Hand.

Ein Krokodil erklärte auf Ehre,
Dass sie nur meine Ziehmutter wäre;
Aber man redet so viel.
Sie war den ganzen Tag für mich da.
Sie nahm mich auf, meine liebe Mama,
In ihr warmes großes Gefühl.

Wenn ich mich zum Schlafe im Boden verkroch,
Weil ich die nahende Regenzeit roch,
Deckte auch sie sich zu.
Sie pflegte in weißen Wolkendecken
Sich einzumummeln und zu verstecken.
Dann wünschte ich gute Ruh.

Wir durften auf dieser Erde zu zwein
Ein paar hundert Jahre zusammen sein,
Ich und die alte Frau Sonn.
Dann hatte ich genug gesehn.
Ich sagte: „Leb wohl! Das Leben war schön."
Und ich krabbelte einfach davon.

6 Ich war einmal eine Schnecke

Ich war einmal eine Schnecke.
Ich glaube, in Griechenland.
Mein Häuschen hatte ich immer zur Hand.
Es stand niemals am gleichen Flecke.
Ich trug es immer bei mir
Und war heimisch, wohin ich auch kroch.
Ich dachte: Das Häuschen sei mir
Mein Schutz, meine Burg und mein Loch.
So entging ich allen Gefahren.
Ich hatte mein Schneckenhaus.
Kamen die Feinde in Scharen,
Kroch ich einfach nicht hinaus.
Geduld, weiß Gott, besaß ich
Auf meiner Schneckentour.
Und manches Leckere fraß ich
Entlang der Schneckenspur.
Besonders nach Regenwetter
Bin ich gern gereist.
Ich habe die köstlichsten Blätter
Auf dieser Erde verspeist.
Man nannte mich klebrig und leimisch.
Doch das ist blasser Neid.
Ich war glücklich und überall heimisch
In meiner Schneckenzeit.

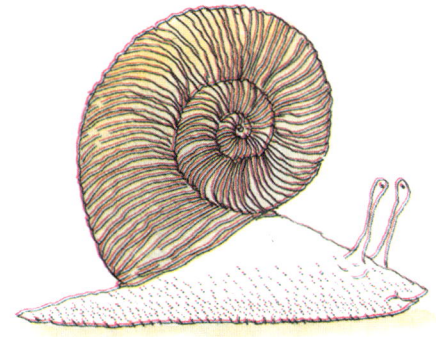

7 Erinnerung an meine Eidechsenzeit

Auf den glatten, durchglühten Felsen am Meer
Mit den warmen Winden von Süden her,
Zwischen stachligen Küstengewächsen,
War ich als Eidechse lustig und flink.
Ich war ein verständiges junges Ding
Und die Hübscheste aller Echsen.

Mir war die Welt, wie sie ist, grad recht.
Wir waren ein hungriges, keckes Geschlecht,
Hungrig nach Fliegen und Sonne.
In Ritzen schlüpfen, glatt und gewandt,
Und sich sielen auf glühender Felsenwand
Ist wahre Eidechsenwonne.

Als ich im Winter die Erde verließ,
Verlor ich das einzige Paradies,
Das ich mir vorstellen konnte,
Eine Welt aus lauter Sonnenschein,
Aus Fliegensummen und Wasser und Stein,
In der ich, grünlich schillernd und klein,
Mich ein ganzes Leben lang sonnte.

Ich habe Mücken und Fliegen gejagt.
An heißen Wänden hat mirs behagt
Und in den Felsspalten drinnen.
Eines nur war mir niemals recht,
Das war das dreimal verfluchte Geschlecht
Der Gottesanbeterinnen.
Ihr giftiges Grün hat mir nicht gepasst,
Ihren Schwung nach rückwärts hab ich gehasst
Und ihren Stachel, den frechen.
Sie waren zum Spielen nicht flink und klug
Und zum Essen nicht fett und schmackhaft genug.
Sie konnten nichts als stechen.

8 Meine Gazellenjahre

Auf den Steppen, am Rande der Wüste, dort,
Wo die kahlen Hügel sich fort und fort
Bis zum flimmernden Horizont hinziehn
Und wo Gazellen vor Löwen fliehn,
Da lebte auch ich als Gazelle.
Ich habe das Manna vom Strauch geschmeckt
Und in trockenen Wadis Salz geschleckt.
Und ich lief wie der Samum, der schnelle.

Wenn ich nachts in einer Mulde schlief
Und fern eine Löwin ihr Junges rief,
Fuhr ich witternd empor.
Dann war ich von schlimmen Träumen klug,
Und ich legte mein Herz, das ängstlich schlug,
Ganz tief in das lauschende Ohr.
Doch hat die Sonne des Mittags gebrannt
Und ein Löwe lag an des Wadis Rand,
Im Akazienschatten und faul,
Dann rupfte ich ruhig vom Strauch ein Blatt;
Denn der Mittagslöwe ist träg und satt
Und öffnet nur gähnend das Maul.
Ich habe den Tag und die Nacht gekannt
Und die Schrift der Wolken am Himmelsrand
Und manchmal vor Angst gebebt.
Ich bin mit dem Wind um die Wette geflogen,
Hab den Duft der Oasen eingesogen
Und habe gerne gelebt.

Dann wurde ich alt und verließ die Erde.
Ich wusste nicht, ob ich ein Löwe werde
Oder ein Dromedar.
Ich wollts auch nicht wissen.
Doch war ich voll Dank,
Weil ich ein ganzes Leben lang
Eine schnelle
Gazelle
War.

9 Aus meinem Löwenleben

In einer heißen weißen Stadt im Orient,
Wo man nicht Herbst noch Winter kennt,
Bin ich nach sieben regenlosen Wochen
Als zahmer Löwe matt herumgekrochen.

Ich habe Datteln und den Hund des Scheichs gefressen
Und sonntags fromm vor der Moschee gesessen. Sonst tat ich nichts.
Jedoch der Scheich, der mir des Hundes wegen grollte,
Befahl, dass man mich aus der Stadt vertreiben sollte.
Und man gehorchte dem Befehl des Wichts.

Mit krummen Dolchen und mit finstren Mienen
Umringte mich die Schar der Beduinen.
Ich gähnte bloß.
Dann aber ließ ich, langsam mich erhebend
Und durch den ganzen alten Leib erbebend,
Mein bestes Feiertagsgebrülle los.

Als da die Beduinen auseinander stoben,
Hab ich zu ganzer Größe mich erhoben
Und meinen Löwenschritt zum Zelt des Scheichs gelenkt.
Der hockte totenblass in seines Harems Ecke
Und hatte eine stinkende Kamelhaardecke
Über den dürren Leib gehängt.

Ich bin (während die Haremsfrauen kreischend seitwärts sprangen)
Gemächlich auf den Alten zugegangen.
Dann hab ich ihn mit meinem Schwanz geohrfeigt.
Da flog der Alte bis ans Haremstor
Und spaltete sich dort das linke Ohr,
Das er noch heute allen Fremden vorzeigt.

Ich aber hab die heiße weiße Stadt im Orient,
Wo dürre Scheiche alte Löwen hassen
Und wo man meinen wahren Wert nicht kennt,
Verlassen!

10 *Als ich Kamel noch Klara hieß*

Ich war ein Kamel, doch ein Kamel
Mit einer besonderen Note.
Ich trug Bananen, Mais und Mehl
Auf der Insel Lanzarote.
Auf einer kanarischen Insel (ganz klar),
Da war ich ganz was Feines,
Weil ich ein Kamel von Kanarien war
Und keineswegs irgendeines.

Weil Kamele dort weniger üblich sind
Als in der Wüste Sahara,
Bekam ich auf Lanzarote als Kind
Schon den reizenden Namen Klara.

Wenn ich mich auf meine Knie niederließ,
Dann ließ man mir Zeit, das zu machen.
Und wenn ich mich schnell in die Höhe stieß,
Dann hörte ich um mich ein Lachen.
Man drängte nicht, wenn ich Bananen und Mehl
(Das Maismehl natürlich) trug.
Ich war ein kanarisches Kamel.
Und ich glaube, das war klug.
So war ich nicht irgendein Wüstenschiff,
Eines von vielen hundert.
Mich haben die Fremden, wenn sie zu mir
Gekommen sind, sehr bewundert.

Ich war ein Kamel, doch ein Kamel
Mit einer besonderen Note.
Ich war ein kanarisches Kamel
Auf der Insel Lanzarote.

11 Ich war die Sonne auf dem Hühnerhofe

Ich war nicht praktisch. Doch ich sah gut aus,
Als ich ein Pfau war. Und ich möchte fragen:
Wer kann auf dieser Erde von sich sagen,
Er habe Glanz und Schönheit eines Pfaus?
Schlug ich mein Rad auf, meinen Farbenfächer,
So prächtig, kostbar und juwelenreich,
Dann wirkten auch die schönsten Hühner lächer-
Und kümmerlich und praktisch-plump zugleich.
Auf einem Hühnerhof mit über hundert
Recht netten Hühnern gabs als Glanzpunkt mich.
Der ganze Hühnerhof hat mich bewundert.
Er war mein Publikum. Das brauchte ich.
Ich war die Sonne auf dem Hühnerhofe.
Ich hatte nichts zu tun, als schön zu sein.
Ein jedes Huhn war praktisch meine Zofe,
Und ich benahm mich gegen jedes fein.
Ich konnte nicht den Hühnerhof verwalten.
Ich hatte eine völlig andre Pflicht:
Mich selbst und meine Schönheit zu erhalten!
Wer das für einfach hält, versteht mich nicht.
Von früh bis spät im Mittelpunkt zu stehen
Und Haltung haben, stets, zu jeder Frist,

Und mit Gelassenheit sein Rad zu schlagen
Ist so bezaubernd, wie es schwierig ist.
Ich hab es, glaub ich, würdig durchgehalten.
Ich war das Traumbild mancher Hühnerfrau.
Wenn ich die Wahl hätt zwischen wechselnden Gestalten,
Ich würde immer wieder gern ein Pfau.

12 Ich war ein Adler, und ich war es gern

Man ist ein Adler oder ist es nicht.
Nicht mal ein Schwan kann sich zum Adler machen.
Nennt wer sich adlerhaft, dann muss ich lachen,
Weil er wohl kaum versteht, wovon er spricht.

Ich war ein Adler, und ich war es gern.
Die schroffsten Felsen und die höchsten Höhen
Haben mich kreisen oder horsten sehen.
Die Vögel fürchteten mich, ihren Herrn.

Ich litt nie Hunger. Ich war stark genug.
Ich schlug die Beute mit der linken Kralle.
Und meine schönen Kinder strahlten alle,
Wenn ich die Beute auf den Felsen trug.

Sturm und Gewitter machten mir nichts aus.
Auch zwischen Gipfeln, auch im dicksten Regen
Vertraute ich noch meinen Schwingenschlägen
Und kehrte jedes Mal gesund nach Haus.

Sechs Söhne kreisen jetzt noch, hoch und weit.
Sie werden wieder Adlersöhne haben.
Ich habe ausgekreist. Die weißen Raben
Haben mich abgeholt, denn es war Zeit.

13 Mein Affenabenteuer

In dem schönsten Urwald von Afrika,
Zwischen Affenbrotbaum und Mauritia,
In der grünen Welt meiner Ahnen,
Neckte ich manche Kakadus,
Knackte ich manche harte Nuss
Und schaukelte auf Lianen.

Ich sah das Nilpferd im Urwaldfluss,
Ich hörte den Fall der Kokosnuss.
Fern sah ich Strauß und Giraffe.
Ich hab mit der Brüder- und Vetternschar
Das lustige Leben durchklettert. Ich war
Ein Affe.

Einmal fiel ich – der Schreck war groß –
Auf den Nacken von einem Rhinozeros.
Da kam das Tier in Zorn.
Es rannte, so schnell es rennen kann,
Und ich, ein winziger Affenmann,
Erfasste vor Angst sein Horn.

So ritten wir (mich schmerzte die Hand)
Durch peitschende Zweige zum Urwaldrand.
Dort ging der Ritt zu Ende.
Dort ging ein Stoß durchs Rhinozeros.
Dort hörte ich, dass jemand schoss.
Dort machte die Angst mich behände.

Da erkletterte ich eine Palme und sah
Zum ersten Male den Menschen da.
Mit einem Feuerrohr.
Ich floh zurück in die Urwaldnacht
Und habe noch oft an den Menschen gedacht.
Er kommt mir schrecklich vor.

14 *Nun bin ich Mensch*

Nun bin ich Mensch; doch bild ich mir nicht ein,
Ich könnt im Dunkeln besser sehn als Eulen,
Ich könnte lauter als die Wölfe heulen
Und könnte stärker als ein Löwe sein.

Nun bin ich Mensch; doch glaub ich nicht, ich sei
So glücklich wie Delphine, wenn sie springen,
So selig wie die Meisen, wenn sie singen,
Auch nicht so schnurrig wie ein Papagei.

Doch steckt in mir die Möglichkeit dazu,
In eine andre fremde Haut zu schlüpfen,
Im Hasenfell durchs Stoppelfeld zu hüpfen
Und sanft zu grasen in der Haut der Kuh.

Was Tiere sind, das sind und bleiben sie.
Ein Wolf bleibt Wolf. Ein Löwe bleibt ein Löwe.
Doch ich kann alles sein, Delphin und Möwe.
Denn ich bin Mensch. Ich habe Phantasie.

15.–24. Lektion

Don Alfredo war ein Windhund

Kleiner Fabelgarten

15 Der Kater und die Maus

Über eine Maus gebeugt,
Sprach der Kater Wenzel:
„Maus, ich bin dir sehr geneigt,
Sei so lieb und tänzel!"

Und die arme kleine Maus
Ist herumgetänzelt
Und dem Kater, welch ein Graus,
Um den Bart geschwänzelt.

Als sie schließlich sehr adrett
Um sich selber kreiste,
Fand der Kater sie so nett,
Dass er sie verspeiste.

„Ach, sie war zum Fressen süß!",
Hörte man ihn sagen.
Ja, die Liebe geht gewiss
Manchmal durch den Magen.

16 Die Stadtmaus und die Feldmaus

Eines Tages lud die Stadtmaus
Sehr manierlich und sehr fein
Ihre Freundin, eine Feldmaus,
Zu gebratnen Ammern ein.

Porzellan war aufgetragen
Auf Damast aus der Türkei.
Ich muss sagen, ich muss sagen:
Köstlich tafelten die zwei.

Reizend wars im ganzen Saale:
Alles kostbar und adrett.
Aber mitten unterm Mahle
Störte jemand das Bankett.

Ach, es drang an ihre Ohren
Solch ein Lärmen, laut und roh,
Dass die Stadtmaus beim Rumoren
Samt der Feldmaus schnell entfloh.

Erst als niemand mehr was hörte,
Kehrten sie zum Tisch zurück,
Und die Stadtmaus sprach: „Verehrte,
Essen Sie doch noch ein Stück!"

„Danke!", sprach die Maus vom Lande,
„Kommen Sie als Gast zu mir.
Hab ich auch als Frau vom Stande
Königlich getafelt hier:

Lieber esse ich bescheiden,
Aber ungestört im Feld.
Wiedersehn! Ein Pfui den Freuden,
Die der Schrecken uns vergällt."

Nach Jean de La Fontaine

17 Der Windhund und der Löwe

Don Alfredo war ein Windhund,
Schlank und schnell und voller Kraft.
Don Alfredo biss kein Kind und
War auch sonst untadelhaft.

Er ging niemals an der Leine,
Denn das tat bei ihm nicht Not.
Nur wenn jemand um die Beine
Seines Herrn strich, sah er rot.

Doch zumeist war Don Alfredo
Von verträglichem Gemüt,
Bis er einmal in Toledo
Auf die schiefe Bahn geriet.

Aus dem Zirkus in Toledo
War ein Löwenkind entflohn.
Diesen Löwen traf Alfredo.
Da begann das Unglück schon.

„Edler Windhund", sprach der Löwe,
„Wähl die Freiheit! Komm mit mir!
Denn ein Windhund gleicht der Möwe:
Freier Wind ist sein Revier!"

Don Alfredo fühlte plötzlich
So ein Ziehen in der Brust,
Eine Sehnsucht ganz entsetzlich,
Eine Streun- und Wander-Lust.

Kurz und gut, der Windhund sagte:
„Ich komm mit! Entfliehn wir bald!"
Und so waren, eh es tagte,
Hund und Löwe tief im Wald.

Aber, ach, die nächsten Wochen
Waren für den Hund nicht gut;
Denn der Hund bekam nur Knochen
Und der Löwe Fleisch und Blut.

„Hunde", sprach der Löwe munter,
„Brauchen Knochen und sonst nichts!"
Und er schlang sein Fleisch hinunter,
Sehr zufriednen Angesichts.

Don Alfredo wurde mager
Und der Löwe dick und rund,
Und bei Nacht im Höhlenlager
War kaum Platz mehr für den Hund.

Darum sauste Don Alfredo
(Und er tat es rasch und gern)
Eines Tages nach Toledo
Und zurück zu seinem Herrn.

Und sein Herr sprach lächelnd: „Glaub mirs,
Du warst dumm in jener Nacht!
Für die Freiheit eines Raubtiers
Ist ein Windhund nicht gemacht!"

18 Die Löwenbändigerin

Löwenzahnsamen blies der junge Wind
Ins Haar der alten Lehrerin.
Erschrocken über seine eigene Keckheit, spricht er:
„Ich bitte vielmals um Entschuldigung!"

„Das macht nichts", lächelt sie.
„Ich hab so viele
Löwen gebändigt, dass ich ihre Zähne
Nun nicht mehr fürchte!"

19 Der ungebetene Strauß

Wir haben einen Strauß im Haus.
Er kam ganz ungebeten.
Er steht im Weg tagein, tagaus.
Nun sind wir sehr in Nöten.

Vertreiben können wir ihn nicht.
Er ist zu stark und kräftig.
Wenn man vernünftig mit ihm spricht,
Wird er gleich bös und heftig.

Erstaunlich ist, mit welcher Hast
Er sich um alles kümmert.
Am letzten Mittwoch hätt er fast
Den Spiegel uns zertrümmert.

Schlimm ist auch, dass er unentwegt
Im Hause ganz unsäglich
Voluminöse Eier legt.
Der Zustand ist unmöglich.

Ach, wenn der Strauß ein Sträußchen wär,
Dann käm er in die Vase
Und ärgerte dort niemand mehr
Als höchstens jemands Nase.

Doch leider ist er wild und groß.
Wir müssen uns bequemen,
Im friedlichen Familienschoß
Mit ihm vorlieb zu nehmen.

Ich fürchte, dieser Strauß zerbricht
Noch manches Ahnenbildnis.
Ein Strauß passt in die Ordnung nicht.
Er passt nur in die Wildnis.

Aus Ostafrika

20 Der arme Hund

Im Straßengraben, in Schlamm und Kot,
Da liegt ein trockenes Stückchen Brot.

Die Krähe siehts liegen, fliegt fort und schnarrt:
„Das Brot im Graben ist mir zu hart."

Der Igel beschnupperts, doch ohne ein Wort
Geht er vom trockenen Brot wieder fort.

Ein streunender, hungriger Hund erspäht
Das trockene Brot am Abend spät.

Der Hund schnappt zu und frisst, dass es kracht.
Das Brot hat ihn beinahe satt gemacht.

Was verschmäht und verachtet liegt auf dem Grund,
Das schmeckt noch manchem armen Hund.

21 Die Giraffe und der Autobus

Eine Giraffe und ein Autobus
Sausten durch die Sahara um die Wette.
Schon schien es, dass der Bus gewonnen hätte,
Als sich das Blatt doch wendete zum Schluss.

Grad rief der Busschofför: „Ich komm zuerscht!"
Da brach die Achse über einem Steine.
So siegten schließlich die Giraffenbeine.
Die Technik siegt nur, wenn man sie beherrscht.

22 *Der gerissene Fuchs*

Der Löwe, der König,
War alt und schlapp.
Er legte daher
Seine Krone ab.

Der Kanzler des Löwen,
Der Fuchs, rief: „Fein,
Dann werde jetzt ich
Der König sein!"

Er stand, umringt
Von den Vettern schon,
In den Pfoten die Kron,
Auf den Stufen zum Thron.

Da sagte der finstere
Wolf sogleich:
„Wirst du König,
Regier ich als Kanzler das Reich!"

Der Fuchs, nicht willens,
Das Regiment
Dem Wolf zu lassen,
Rief: „Sapperment!

Der Wolf als Kanzler?
Das geht nicht gut!
Dann behalte ich lieber
Den Kanzlerhut!

Ich mache zum König
Das Tier, das still
Und geduldig tut,
Was der Kanzler will."

Er fragte das Schaf:
„Ist es erlaubt?",
Und drückte die Krone
Dem Schaf aufs Haupt.

Das Schaf sprach: „Mäh"
Und hielt fein still
Und regiert nun so,
Wie der Fuchs es will.

Dies kleine Gedicht
(Bedenks und begucks)
Ist die alte Mär
Vom gerissenen Fuchs.

23 Der Fuchs und die Trauben

Ein Fuchs aus Frankreich (oder auch von hier),
Der schrecklich hungrig war, sah große Mengen
Der schönsten Trauben oben im Spalier
Des Weinstocks rot und glänzend hängen.
Er hätte gern davon genascht. Allein,
Sie hingen viel zu hoch für Mund und Magen.
Drum sagte er: „Sie werden sauer sein!"
Ist das nicht klüger, als sich zu beklagen?

Nach Jean de La Fontaine

24 Der Wolf als Hirte

Ein Wolf, der – ewig hungrig und allein –
Ein Schäfchen wollte aus der besten Herde,
Beschloss, so listig wie der Fuchs zu sein,
Auf dass er satt und auch zufrieden werde.

Er zog sich an mit einem Hirtenrock.
Ein alter Prügel wurde Hirtenstock.
Auch kam ein Dudelsack zu diesen Sachen.
Und schließlich wollte er – es ist zum Lachen –
Zu allem Überfluss aufs Hutband schreiben:
ICH BIN DER HIRTE JO! Doch ließ ers bleiben.
Die Maskerade schien auch so vollkommen.
Drum hat der Wolf den Hirtenstock genommen.
Er schlich nun als der falsche Hirte Jo
Zur Herde, wo der rechte Hirt im tiefen
Traumlosen Schlaf im Grase lag und wo
Die meisten seiner Schafe gleichfalls schliefen
Und Hund und Hirtentasche ebenso.

Der trügerische Hirte ließ sie schlafen.
Er meinte, dass er durch den Hirtenruf
Entführen könnte (auf sehr leisem Huf)
Die ganze Herde mit den vielen Schafen.
Doch das war Blödsinn: Seine Töne trafen
Den rechten Ton nicht, denn er hat gebrüllt.
So wurde sein Geheimnis schnell enthüllt.
Und leider nicht nur von den Schafen.
Auf sprangen plötzlich alle Schläfer:
Der Hund, die Schafe und der Schäfer.
Der arme Wolf, behindert durch den Kittel,
Und auch durch Dudelsack und Hut und Knüttel,
Er konnte im Getümmel sich nicht wehren.

Betrügen bringt nur selten Glück und Ehren.
Betrügen bringt am Ende Pein und Qual.
Wolf bleibe Wolf! So lautet die Moral.

Nach Jean de La Fontaine

25.–35. Lektion

Der Auerhahn hält viel von der Verlobung

Tierfeiern

25 Wenn die Tiere Sachen machen

Wenn die Tiere Sachen machen,
Kann man weinen oder lachen.
Aber lachen, bitte sehr,
Wäre das, was besser wär!

Wenn die Tiere Tolles treiben,
Lacht man oder lässt es bleiben.
Aber lachen, bitte sehr,
Wäre das, was besser wär!

Wenn die Tiere uns erzürnen,
Lacht man oder furcht die Stirnen.
Aber lachen, bitte sehr,
Wäre das, was besser wär!

Wenn die Tiere nicht mehr spielen
Und im Schlaf sich glücklich fühlen,
Ruf sie nicht und weck sie nicht.
Auch im Traum ist Tag und Licht.

Wenn sie später beim Erwachen
Wieder einmal Sachen machen,
Bliebe lachen, bitte sehr,
Immer das, was besser wär!

26 Morgenmusik

Morgens, wenn der Tag beginnt
Und die Vögel munter sind,
Hört man manche Hasen
Die Trompete blasen.
Sie schmettern, tättärätt,
Die Schläfer aus dem Bett.

Morgens, wenn der Tag erwacht
Und die Sonne scheint und lacht,
Spielen manche Katzen
Geige mit den Tatzen.
Sie geigen, vigelei,
Das Mausevolk herbei.

Morgens, wenn der Tag sich regt
Und die Glocke sieben schlägt,
Fangen manche Kröten
Fröhlich an zu flöten.
Sie flöten: „Tüdelüt!
Steht auf! Seid nicht so müd!"

Morgens, wenn der Tag sich hebt
Und die Lerche aufwärts strebt,
Fangen manche Dommeln
Munter an zu trommeln.
Sie wecken, rumbumbum,
Die Schläfer ringsherum.

Morgens, wenn der Tag beginnt
Und die Sonne Kraft gewinnt,
Fängt man bei den Tieren
An zu musizieren.
Dann tönt in Wald und Feld
Das Morgenlied der Welt.

27 Osterspaziergang

Ostersonntag ist bei Tieren
Ein mit Recht beliebtes Fest.
Alles kriecht auf allen vieren
Aus dem Bau, dem Loch, dem Nest.

„Igalaja!", ruft der Igel.
„Nimm den Hut und zieh dich an!
Steh nicht ewig vor dem Spiegel,
Dass ich endlich gehen kann!"

„Rabirosa!", krächzt der Rabe.
„Lass die Flöhe doch im Kleid!
Dein Getue und Gehabe
Macht mich kribblig mit der Zeit!"

„Ach, Hundine", seufzt der Seehund,
„Lass das Pudern mit dem Sand!
Nimm die Seegrastasche, geh und
Platsche endlich an das Land!"

Und nun platscht und fliegt und kriecht es,
Witschelt, watschelt und spaziert.
Und Frau Hühnerbein (man riecht es)
Ist mit Primel parfümiert.

Man ergeht sich brav und bieder
Beim vom Eis befreiten Fluss.
Nickt ein Tier, dann nickt man wieder,
Weil man höflich bleiben muss.

Friedlich bis zur Abendröte
Wird geschritten und spaziert,
Wie es einst der Herr von Goethe
Im Gedichte vorgeführt.

Erst bei Nacht – so gegen zwölfe –
Geht es heim in Tritt und Trott.
Selbst die Bären und die Wölfe
Zotteln heim nach Nowgorod.

Leise schnattert das Geflügel:
„Das war wieder einmal nett!"
Und der Rabe und der Igel
Und der Seehund gehn ins Bett.

28 Hasenzirkus

Ein Hasenzirkus findet statt.
Der Eintritt ist ein Weißkohlblatt.
    Dompteur ist Hans-Hektor.
    Herr Schnopp der Direktor.

Der Himmel ist das Zirkuszelt.
Arena ist das Stoppelfeld.
    Es spielen und blasen
    Pausbäckige Hasen.

Der Sänger, Herr Wutz Wackelohr,
Stellt sich als großer Künstler vor.
    Er bringt zu Gehöre
    Das Lied von der Möhre.

Es folgt ein Tänzer auf dem Seil.
Das Hasenvolk schreit hoch und heil.
    Er nennt sich Kobalto
    Und schlägt einen Salto.

Die Pause kommt. Man fühlt sich wohl
Bei Rübensaft und Rosenkohl
    Und fängt auf den Stoppeln
    Vergnügt an zu hoppeln.

Der Beifall braust durchs Stoppelfeld:
„Vivat Hans-Hektor, Has und Held!"
    Hans-Hektor, der zeigt sich
    Erfreut und verneigt sich.

Man ist zufrieden und verlässt
Vergnügt das Hasen-Zirkus-Fest.
    Es sagt jeder Has:
    „Ein Zirkus macht Spaß!"

Dann geht es weiter im Programm.
Drei dicke Hasen blasen stramm
    In glänzender Laune
    Teils Horn, teils Posaune.

Nun wirds gefährlich im Revier:
Hans-Hektor zähmt ein wildes Tier.
    O Schrecken, o Graus:
    Er zähmt eine Maus.

29 Wenn Hasen reisen

Zu Ostern sind die Hasen
Ganz außer Rand und Band.
Man hätschelt sie und tätschelt sie
Sehr freundlich mit der Hand.

Das hat den kleinen Hasen
Das Hasenherz geschwellt.
Sie trafen sich und sagten sich:
„Wir reisen um die Welt!"

Sechshundert Hasen gingen
An Bord des Dampfers „Hai".
Dann hat der Kahn den Ozean
Durchschifft bis nach Hawaii.

Vierhundert Hasen mussten
Ins Düsenflugzeug gehn.
Dann brausten sie und sausten sie
Nach Rom und nach Athen.

Zweitausend Hasen reisten
Im Schnellzug „Orient"
Nach Teheran und Isfahan,
Wo heiß die Sonne brennt.

Dreitausend Hasen haben
Die weite Welt gesehn,
Per Flugzeug, Schiff und Eisenbahn,
Doch keiner fand sie schön.

Sie jammerten in Bagdad,
In Rom und in Berlin:
„Der Duft der großen, weiten Welt
Riecht leider nach Benzin!"

Die erste Hasenreise
Blieb auch die letzte Fahrt.
Man reist nicht mehr, man streicht seither
Zu Hause seinen Bart.

Man stellt sich dort den Kindern
Als Osterhase vor.
Man macht zur Welt das Weizenfeld
Und ruft dabei im Chor:

„Zum Reisen taugen Menschen
Und Schwalben, Storch und Star.
Ein Hase soll ein Hase sein
Und bleiben, wo er war!"

30 Die Verlobung des Auerhahns

Der Auerhahn hält viel von der Verlobung.
Er feiert sie oft ganze Tage lang
Und stellt dem Auerhuhne zur Erprobung
Sich täglich vor mit seinem Balzgesang.

So lernen sich die beiden langsam kennen.
So prüfen sich in der Verlobungszeit
Die Auerhähne und die Auerhennen,
Und eines Tages ist es dann so weit:

„Schatz, du gefällst mir!", sagen alle beide.
Und damit ist der erste Schritt getan.
Sie halten Hochzeit auf der roten Heide.
(„Rot ist die Liebe", sagt der Auerhahn.)

Nach diesem Tag sind sie nicht mehr zu trennen,
Denn beide prüften sie sich lange Zeit
Und lernten als Verlobte sich gut kennen.
Wär doch so mancher Mensch auch so gescheit!

31 Nilpferd-Hochzeit

Nilpferde sind entsetzlich schwere Brocken.
Drum hört man manchmal, wie ein Nilpferd keucht.
Doch kürzlich schrieb ein Forscher, fast erschrocken:
„Zuweilen wird ein Nilpferd federleicht."

Es liegt, so hat der Forscher uns berichtet,
Ein tiefer See in Innerafrika.
Dort hat er zwanzig Nilpferde gesichtet
Und uns berichtet, was im See geschah:

„Unter dem Wasser tanzten sie im Kreise.
Die plumpen Brocken wirkten leicht und nett.
Sie machten Hopser auf verschiedne Weise
Und hoben Bein um Bein wie beim Ballett."

Der Forscher wusste nicht, was das bedeutet.
Doch allen Kundigen ist es wohl klar,
Dass, wenn ein Nilpferd leicht durchs Wasser gleitet,
Der Anlass eine Nilpferd-Hochzeit war.

So leicht und hoffnungsvoll, beschwingt und heiter,
Von keiner Sorge oder Not gepresst,
So fröhlich, selig, heiter und so weiter
Sind Mensch und Nilpferd nur beim Hochzeitsfest.

Nilpferde sind entsetzlich schwere Brocken,
Drum hört man manchmal, wie ein Nilpferd keucht.
Jedoch im See, auch ohne Kranz und Glocken,
Wirds bei der Hochzeit daunenfederleicht.

32 Der Eisbär und das Hermelin

Den Winter ohne Gras und Grün,
Den lieben zwei Gesellen:
Der Eisbär und das Hermelin
Mit ihren weißen Fellen.

Den Winteranfang feiern sie
Auf ganz besondre Weise.
Dann tanzen sie, dann leiern sie
Die alte Winterweise:

„Die Welt wird schön, die Welt wird weiß,
Die Welt wird klar und eben!
Hoch leben Kälte, Schnee und Eis
Und unser Jägerleben!"

Der Eisbär und das Hermelin,
Die pflegen mit Behagen
Im weißen Fell durchs Weiß zu ziehn,
Um Beute zu erjagen.

Und zittern in der kalten Zeit
So manche armen andern,
Genießen sie in Heiterkeit
Das Winter-Wetter-Wandern.

Den Winter ohne Gras und Grün,
Den lieben zwei Gesellen:
Der Eisbär und das Hermelin
Mit ihren weißen Fellen.

33 Adler, Geier, Nebelkrähen

Einladung zur Tierschau

Adler, Geier, Nebelkrähen,
Kormoran und Pelikan:
Wer die Tiere möchte sehen,
Schaue sich die Tierschau an.

Hier die großen Katzentiere:
Löwe, Panther und Gepard.
Von den Tigern gibt es viere,
Doch nur einen Leopard.

Dort seht ihr Koalabärchen,
Beutelmaus und Känguru,
Und daneben wie ein Pärchen
Stehen Storch und Marabu.

Links das Nashorn, stark und mächtig,
Nennt man auch Rhinozeros;
Und das Nilpferd, ungeschlächtig,
Heißt auch Hippopotamus.

Ob Vampire, ob Tapire,
Ob Kamel, ob Pavian:
Bei der Tierschau schaun die Tiere
Sich vergnügt die Menschen an.

34 Zirkustierpläsierchen

Unterm großen Zirkuszelt
Tritt die Zirkuschefin
In die bunte Zirkuswelt
Mit der Zirkusäffin.

In das Zirkuspublikum
Und auf Zirkusplätze
Springt die Zirkusäffin, bum,
Und macht Zirkussätze.

Zu der Zirkuszeltmusik
Macht das Zirkustierchen
Mit dem Zirkusaffenblick
Zirkustierpläsierchen.

Zirkuschefin Barbara
Sagt: „Ihr Zirkusgäste,
Zirkusäffin Bibina
Liebt die Zirkusfeste."

Alle Welt im Zirkuszelt
Ist jetzt zirkusheiter.
Weil der Zirkus gut gefällt,
Spielt der Zirkus weiter.

35 Abgesang der Zirkustruppe

„Schluss, ihr lieben Leute:
Geht vergnügt nach Haus,
Denn es ist für heute
Unser Zirkus aus.

Gehts euch einmal bitter,
Kommt zu uns zurück.
Gönnt beim Zirkusflitter
Euch ein bisschen Glück.

Lasst euch amüsieren,
Schaut uns heiter zu:
Ihr seid mit den Tieren
Rasch auf du und du.

Affen, Löwen, Hunde
Zeigen, Damen, Herrn,
In der Zirkusrunde
Ihre Künste gern.

Denkt mal nicht an morgen,
Auch an gestern nicht.
Es vergehn die Sorgen
Vor dem Rampenlicht.

Freut euch mit uns heute,
Denn ein jedes Glück
Liegt, ihr lieben Leute,
Nur im Augenblick."

36.–41. Lektion

Ein Seebär ist ein seltnes Tier

Schöne-Unsinns-Zoologie

36 Ein Seebär ist ein seltnes Tier

Ein Seebär ist ein seltnes Tier,
Ein Seebär ist ein Mann,
Der Haie fängt und außerdem
Gehörig saufen kann.
Er schnackt von Manila, Kap Horn und New York
Und auch von der Braut in Malmö
Und dass er mal mit einer Weste aus Kork
Getrieben ist vor Santa Fe.
  Oje:
  Nie lag Santa Fe an der See.

In China spielt ein andrer Schnack.
„Da war ich", sagt er, „oft.
Dort lud man mich nach Peking ein.
Das kam ganz unverhofft.
Der Kaiser", so sagt er, „Herr Kai Se von Sung,
Sprach gnädig zu mir von dem Thron:
‚Heut gibt es nur Hering mit Sülze, mein Jung.
Es ist nämlich Revolution.'"
  O Sohn:
  Dort gibt es nicht Hering noch Thron.

Natürlich wird auch Afrika
Ins Seemannsgarn gestrickt.
Dort hat er einem Löwenmann
Ins Löwenmaul geblickt.
„Ich zog ihm", so sagt er, „den Weisheitszahn aus.
Da sagte der Löwe zu mir:
‚Ich geb dir was aus. Bist du wieder zu Haus,
Dann trink auf mein Konto ein Bier.'"
  Ein Bier?
  Das zahlt doch im Leben kein Tier.

Ein Seebär ist ein seltnes Tier.
Ein Seebär ist ein Mann,
Der Haie fängt und außerdem
Gehörig saufen kann.
Dann schnackt er und spinnt, bis im Wirtshaus zum Schluss
Die Balken sich biegen wie Wachs
Und bis man den Seemann ins Bett schleppen muss.
Das ist dann das Ende des Schnacks,
  Des Schnacks,
  Ja, das ist das Ende des Schnacks.

37 Barsch-Begräbnis

Ein a-Gedicht

Es starb einmal ein alter Barsch.
Der ward mit einem Trauermarsch
Begraben auf dem Grund vom Bach.
Ach.

Der alte Barsch war, wenn auch alt,
Sehr rank und schlank noch von Gestalt.
Drum weinten ihm fast alle nach.
Ach.

Die alte Barschin, seine Frau,
Die weinte sich die Augen blau.
Da schwoll das Wasser an im Bach.
Ach.

Laut weinten alle an dem Grab:
Barschdame, -mädchen, -mann und -knab.
Und übers Ufer trat der Bach.
Ach.

Doch nach zwei Tagen ging zum Glück
Die Bach- und Tränenflut zurück.
Manierlich floss im Bett der Bach.
Ach.

38 Der Eisbär und die Königin

Ein Eisbär, der noch gute Zähne hatte
(Er war auch sonst noch sehr gesund und stark),
Legte sich selbst ganz freiwillig als Matte
Vors Bett der Königin von Dänemark.

Die Königin fand daran kein Gefallen,
Denn schließlich lebte dieser Teppich ja.
(Vielleicht war er empfindlich an den Krallen.
Trat man darauf, wer wusste, was geschah?)

Doch wagte sie den Bär nicht zu entfernen,
Teils war es Furcht, teils war es Pietät.
So musste sie beim Hofturnlehrer lernen,
Wie man im Hechtsprung nachts zu Bette geht.

Sie sprang zwölf Nächte lang ins Bett, die Arme.
Jedoch von Schlaf konnt keine Rede sein;
Denn Bären schnarchen leider zum Erbarmen.
Und wenn sie da war, schlief der Eisbär ein.

Die Königin war bald ein Nervenbündel.
Der König sah es mit Besorgnis an.
Sie litt an Kopfweh, Magenweh und Schwindel.
Da sprach der König als entschlossner Mann:

„Der Eisbär meint es gut, ganz ohne Frage.
Doch was daraus entsteht, ist wenig nett.
Drum, liebste Königin, hör, was ich sage:
Von dieser Nacht an tauschen wir das Bett!"

Die Königin ließ ihren Mann gewähren.
Zum Hechtsprung fehlte ihr auch schon die Kraft.
(Sie fiele schließlich bäuchlings auf den Bären,
Hätt sie den Hechtsprung einmal nicht geschafft.)

So stieg der König, als es Schlafenszeit war,
Im Nachtgewande, proper und adrett,
Und als auch seine Königin so weit war,
Erst auf den Bären und sodann ins Bett.

Doch rief der Bär: „So hab ich nicht gewettet.
Ich lieg hier für die Königin allein!"
Dann rief er noch: „Man schläft, wie man sich bettet!",
Und biss den König in das linke Bein.

Die Königin schrie auf, der König schellte,
Der Hofarzt kam samt Hofveterinär,
Und mit dem Hofhund, der entsetzlich bellte,
Kam der Hofjäger mit dem Hofgewehr.

Man hat das Bein betupft und dann verbunden.
Man gab dem König eine Injektion.
Und nur der Bär lag, wie seit vielen Stunden,
Still vor dem Bett und schlief und schnarchte schon.

Da sprach der König, resigniert und weise,
Zu seiner ganz verstörten Königin:
„Er sagt, dir tut er nichts. Betritt ihn leise
Und leg ins eigne Bett dich wieder hin."

Die arme Königin bestieg mit Zaudern
Zuerst den Bären und sodann das Bett.
Doch wie sich zeigte, war kein Grund zum Schaudern.
Der Eisbär grunzte nur. Er fand das nett.

Er hat sogar das Schnarchen unterlassen,
Sodass die Königin sich nie mehr grault
Und nachts im Schlafe, es ist kaum zu fassen,
Mit einer Hand sogar den Bären krault.

Und möchte jemand der Moral noch lauschen,
Kann er zwei Lehren aus dem Ganzen ziehn:
Man soll, wenn möglich, nie die Betten tauschen.
Und wem ein Bär zuläuft, der kraule ihn.

39 Der Kanari und der Papagei

In der Wüste Kalahari
Saß ein sinnender Kanari
Neben einem Straußenei.
In der Wüste herrschte Schweigen.
Nur auf dürren Manna-Zweigen
Schnarchte laut ein Papagei.

Der Kanari, Ruhe suchend
Und den Papagei verfluchend,
Schimpfte schließlich: „Schnabel zu!"
Das erschrockne Papageichen
Zeterte (was seinesgleichen
Gerne tun): „Wat willst'n du?"

Ohne Pause, Punkt und Kumma
Schrie er: „Stör ick dir im Schlumma,
Kannste schließlich Leine ziehn!"
Dieser Papagei (man hört es,
Und ich fürchte, manchen stört es)
Kam natürlich aus Berlin.

Deshalb hat sich der Kanari
In der Wüste Kalahari
Bis ins Innere gewagt.
Der Berliner sagte: „Siehste,
Raum für alle hat die Wüste,
Wie schon Friedrich Schiller sagt."

Der Kanari (stolz wie Freiherrn)
Meidet jetzt den Papagei-Herrn.
Denn noch heute gilt der Satz
Von Pachulke, dem Senator:
„In der Nähe vom Äquator
Sind Berliner nicht am Platz!"

40 Spatzenlügen

Wenns regnet und donnert und stürmt aus Nordwest
Und die Büsche und Bäume sich biegen,
Dann sitzen die Spatzen im trockenen Nest
Und erzählen haarsträubende Lügen.

„Ich war mal in Bayern", berichtet ein Spatz,
„Da gibts einen einsamen Tümpel.
Tief unten am Grunde lebt Mimi, die Katz,
Und handelt mit altem Gerümpel.

Da kommen die Fische, der Wolf und die Kuh
Und kaufen sich Bücher und Tassen.
Doch nimmt jemand noch ein Gesangbuch dazu,
So wird ihm vom Preis was erlassen."

„Oh", sagten die Spatzen mit würdigem Ton,
„Das war eine edle Geschichte!"
Doch kaum war sie fertig, da lauschten sie schon
Einem anderen Lügenberichte.

Ein Spätzlein berichtet: „Ich war mal in Rom.
Da saßen ein Ochs und ein Affe
Auf der riesigen Kuppel vom Petersdom
Und schwatzten bei Kuchen und Kaffee.

Erst spielten sie Mühle, dann spielten sie Schach.
Ein Radio sang zur Begleitung.
Um sieben Uhr schnaufte ein Nashorn aufs Dach
Und brachte die Nachmittagszeitung."

„Oh", sagten die Spatzen mit würdigem Ton,
„Das war eine fromme Geschichte!"
Doch kaum war sie fertig, da lauschten sie schon
Einem anderen Lügenberichte.

„Ich kenne", so plaudert ein Spätzlein im Nest,
„Ein marmornes Schloss auf Sizilien.
Da feiern die Hühner alljährlich ein Fest
Mit Rosen und Nelken und Lilien.

Da kommen die Hühner aus London und Prag,
Aus Moskau und Rom und so weiter.
Und es schlafen achthundert mit einem Schlag
Auf einer einzigen Leiter!"

„Oh", sagten die Spatzen mit würdigem Ton,
„Das war eine gute Geschichte!"
Dann schliefen sie ein; denn es dunkelte schon,
Und der Mond hing sehr groß in der Fichte.

41 Mister Jamaica

Es ist zu berichten von Mister Jamaica,
Dem flottesten Presse-und-Funk-Papagei.
Er ist mit Notizblock, Hut, Bleistift und Leica
Als guter Reporter bei allem dabei.

Er schreibt für die Spatzen, er schreibt für die Stiere,
Er schreibt für die „Frankfurter" und für „Die Welt".
Er schreibt für die Menschen, er schreibt für die Tiere.
Er hat viel Erfolg, weil er allen gefällt.

Den Bleistift im Schnabel, Papier in den Krallen,
Die Leica am Halse, den Hut auf dem Schopf,
So flügelt und flattert und fliegt er zu allen
Berühmtheiten hin als ein findiger Kopf.

Ist irgendein dicker berühmter Minister
Am Steuer des Autos gewaltig beschwipst,
Dann weh dem Minister! Dann wird er, dann ist er
Ganz sicher von Mister Jamaica geknipst!

Als kürzlich die Künstlerin Mia Madeica
Die essbare Zuckertapete erfand,
Erschien in der Wochenschau Mister Jamaica
Mit Bleistift und Kamera auf ihrer Hand.

Beim Film in Paris und in Rom bei der Presse,
Bei allem ist Mister Jamaica dabei.
Er braucht keine Koffer, er braucht keine Pässe.
Man kennt ihn als Presse-und-Funk-Papagei.

Er nimmt, wenn er schreibt, nie ein Blatt vor den Schnabel.
(Es sei denn ein Blatt vom Notizblock gemeint.)
Und wen er zerlegt (ohne Messer und Gabel),
Der hat es verdient, sei er Freund oder Feind.

Die Fotoberichte mit Bleistift und Leica,
Sie brachten schon viele Millionen ihm ein.
Doch alle Millionen schenkt Mister Jamaica
Dem städtischen Menschen-und-Tierschutz-Verein.

42.–53. Lektion
Ein kleiner Schwan ist auch ein Schwan

Tierkindergarten

42 Ein kleiner Schwan

Ein kleiner Schwan
Ist auch ein Schwan.
Doch sieht das nicht ein jeder.
Er scheint uns fremd
Und ungekämmt,
Und dunkel ist die Feder.
Doch weiß Frau Schwan
Von Anfang schon:
Der Plustrian,
Das ist mein Sohn!

Wie gut, dass sie sich niemals irrt
Und weiß, dass hier
Aus diesem Tier
Ein Schwan
Ganz wie sie selber wird.

43 Küken-Kindergarten

Das huschelt und kuschelt
Und trippelt und kippelt
Und kribbelt und wibbelt,
Das pickt und das piept,
Das huselt und wuselt.
Man wird ganz beduselt,
Wenn man auf dem Hofe
Die Küken erblickt.

Aufs Picken und Nicken
Der Küken zu blicken
Macht Kinder nicht minder
Wie Große konfus.
Das schlägt sich, verträgt sich,
Das ziept sich, das liebt sich
Und kommt mit Gerenne
Zur Henne am Schluss.

Doch friedlich und niedlich
Hockt schließlich gemütlich
Die flauschige, bauschige,
Lauschige Schar,
Geborgen vor Sorgen,
Im Schutze der Glucke,
Die früher genau so
Ein Kükenkind war.

44 Seefohlen

Seefohlen sind des Seepferds Kinder.
Solch ein Seefohlen, denkt euch bloß,
Lebt in der Kindheit wie ein Blinder
In einer Tasche finstrem Schoß.

Der Seehengst, der gestrenge Vater,
Schützt jedes Kind auf kluge Art:
Vorm Bauch in einer Tasche hat er
Die Kinder alle aufbewahrt.

So treiben sie wie Astronauten
In einer Kapsel durch das Meer
Und ziehen in dem eingebauten
Bauchladen Vaters hin und her.

Doch eines Tages wird die Lasche
Der Tasche plötzlich offen sein.
Dann schwimmen sie aus Vaters Tasche
Ins Leben und ins Meer hinein.

45 Die kleinen Pferde heißen Fohlen

Die kleinen Pferde heißen Fohlen,
Sie haben Streichholzbeine, und
Sie stehen mit den Fohlensohlen
Ein wenig wacklig auf dem Grund.

Sehr hoch gebaut und knickebeinig,
Schwanken sie bang durchs grüne Gras.
Sie sind sich selber noch nicht einig,
Ob Gehen Angst macht oder Spaß.

Doch manches Mal – das ist sehr reizend –
Kannst du auf einer Wiese sehn,
Wie sie, die Vorderbeine spreizend,
Den Fohlenhals nach oben drehn.

Dann trinken sie die Milch der Stute,
Und bei dem Trinken stehen sie
Zum ersten Mal – das ist das Gute –
So fest wie nie!

46 Die kleinen Wellensittiche

Die kleinen Wellensittiche,
Sie haben zarte Fittiche
Und scheinen brav und friedlich.
Sie hüpfen in dem Käfig drin
Auf ihren Stangen her und hin
Und wirken sehr gemütlich.

Doch wenn die Wellensittiche
Entfalten ihre Fittiche
Und durch das Zimmer schwirren,
Dann haben sie – du liebe Zeit –
Fast nichts mehr von Gemütlichkeit.
Wie kann man sich doch irren!

Sie spreizen ihre Fittiche,
Die kleinen Wellensittiche
Und machen uns fast Bange.
Sie keifen: „Weg da, dummer Fratz!"
Sie schimpfen lauter als ein Spatz
Von der Gardinenstange.

Die kleinen Wellensittiche,
Sie haben zarte Fittiche.
Doch sehen wir sie nüchtern,
Dann sind sie alle, liebes Kind,
Noch frecher, als die Spatzen sind,
Und gar nicht schwach und schüchtern.

47 Kleine Füchse

Geh einmal bei Sonnenschein
(Nicht in Windesrichtung)
Heimlich in den Wald hinein
Bis zu einer Lichtung.

Schleich dich ganz behutsam an,
Aber ohne Büchse!
Wenn du Glück hast, siehst du dann
Ein paar junge Füchse.

Diese Füchslein beißen sich
Mit den spitzen Schnäuzchen,
Balgen, zerren, reißen sich,
Kullern mit Pardäuzchen.

Aber um die Mittagszeit,
In der heißen Stunde,
Ruhn sie aus von Spiel und Streit
Auf dem warmen Grunde.

Lass sie ruhn im Sonnenstrahl
Ohne viel Beschwerden,
Und vergiss, dass sie einmal
Rechte Räuber werden!

48 Kleine Katzen

Kleine Katzen sind so drollig
Und so wollig und so mollig,
Dass man sie am liebsten küsst.
Aber auch die kleinen Katzen
Haben Tatzen, welche kratzen.
Also Vorsicht! Dass ihrs wisst!

Kleine Katzen wollen tollen
Und die Wolleknäuel rollen.
Das sieht sehr possierlich aus.
Doch die kleinen Katzen wollen
Bei dem Tollen und dem Rollen
Fangen lernen eine Maus.

Kleine Katzen sind so niedlich
Und so friedlich und gemütlich.
Aber schaut sie richtig an:
Jedes Sätzchen auf den Tätzchen
Hilft, dass aus dem süßen Kätzchen
Mal ein Raubtier werden kann.

49 Kleine Hunde

Manchmal zeigen Hundejungen
Oder -mädchen ohne Scham
Uns ganz einfach ihre Zungen.
Wie infam!

Die sind frech, wird mancher denken.
Aber nein:
Dieses Hundezungenschwenken
Muss so sein!

Alle Hunde
In der Runde
Schwitzen, wenn es heiß ist, sehr.
Aber hängen diese Hunde
Ihre Zunge aus dem Munde,
Schwitzen sie weit weniger.

Hundemädchen oder -jungen
Schwitzen einfach durch die Zungen.
Hunden steht das zu Gesicht;
Denn die Alten tuns nicht minder
Als die kleinen Hundekinder.
Also bitte, scheltet nicht!

50 *Wer erzieht den kleinen Elefanten?*

Wer erzieht den kleinen Elefanten?
Nicht der Vater, sondern nur die Tanten.
Überall begleiten sie den Kleinen
Auf den Elefantentantenbeinen.
Wenn Gefahr naht, stellen sie sich weise –
Kopf nach innen – um ihn her im Kreise,
Sodass Feinde im Vorübergehen
Nur die Elefantentantenhintern sehen.

Dadurch kommt es, dass ein Elefantenkind,
Wenn es groß ist und schon laut trompetet,
Schutzbedürftig bleibt und leicht errötet
Und empfindlich ist, wie alte Tanten sind.

51 *Affenschule*

Ein Affenfelsen, irgendwo,
Ein Fels und eine Kuhle,
Zum Beispiel hier bei uns im Zoo,
Ist auch die Affenschule.

Dort lernt ein jedes Affenkind,
Sich richtig zu verhalten.
Es lernt dort früh, was Flöhe sind,
Und Demut vor den Alten.

Es lernt, wie man die Schaukel packt,
Es lernt, wie man am besten
Die Läuse und die Nüsse knackt,
Und wie man turnt an Ästen.

Es lernt, dass es nicht wichtig ist,
Wenn Menschenaugen gaffen,
Und dass Gehorsam richtig ist
Vor einem Oberaffen.

Es lernt, wie man Bananen schält,
Es lernt von seiner Mutter,
Dass man zum Scherz nie Menschen quält;
Denn Menschen bringen Futter.

Willst du ein rechter Affe sein,
Dann brauchst du keine Schule.
Du brauchst in unsrem Zoo allein
Den Felsen und die Kuhle.

52 Einhornkinder

Das Einhorn ist ein Fabeltier.
Man sieht es äußerst selten.
Und sieht man es, dann ist es schier
Ein Tier aus andren Welten.

Es steht im Mondlicht, silbrig weiß,
Und äst die jungen Lilien.
Es kommt allein, im Zauberkreis,
Und niemals in Familien.

Nun frag ich mich: Wann war es Kind?
Ist es je Kind gewesen?
Denn immerhin: Einhörner sind
Doch schließlich Lebewesen.

Doch Einhornkinder sah man nie.
Sie sind stets weiß und weise.
Reif und erwachsen sieht man sie
In ihrem Zauberkreise.

Seh ich es, wenn es Lilien frisst
In England oder Sachsen,
Dann glaub ich fast, ein Einhorn ist
Von Anfang an erwachsen.

53 Wann ist ein Phönix Kind?

Der Phönix, wenn er stirbt, verbrennt.
Doch aus dem Todesfeuer,
Das Leib und Seele glühend trennt,
Entsteht sogleich ein neuer.

Aus seiner Asche steigt er auf.
Doch bleibt er nicht beständig.
Er ist zu neuem Lebenslauf
Als neues Tier lebendig.

Wann ist der Phönix nun ein Kind?
Das meldet keine Sage.
Die weisesten Gelehrten sind
Beschäftigt mit der Frage.

Ich glaube, so ein Phönix ist
Ein Kind an allen Tagen,
Weil er den Ursprung nie vergisst.
(Was auch die Sagen sagen.)

Mir scheint, wenn er die Federn sträubt,
Um Flammen zu entzünden,
Dass er dann rein und kindlich bleibt.
(Was auch die Sagen künden.)

Wer immer wieder neu sein will,
Für Neues sehr empfindlich,
Und stets vom Alten frei sein will,
Bleibt auch erwachsen kindlich!

54.–62. Lektion

Ein Mops aus Nicaragua

Hundekunde

54 Kleine Hunde-Kunde

In der Hunde-Kunde-Stunde,
Die mit diesem Vers beginnt,
Zeigen wir aus gutem Grunde
Dicke, dünne, schlanke, runde,
Winzige und große Hunde,
Hundemann und -frau und -kind:

Mops und Pinscher, Setter, Foxe,
Windhund, Dogge und Chow-Chow,
Bernhardiner, Pudel, Boxer,
Dobermann und Dackelfrau.

Man erkennt den Hund am hellen,
Dunklen oder spitzen Laut,
Auch am langsam' oder schnellen
Kläffen, Heulen, Winseln, Bellen;
Kurz, ein Hund ist festzustellen
An der Art, wie er wauwaut.

Unterscheiden kann man Hunde
Aber nicht nur am Wauwau.
Auch beim Schnäuzchen (wie beim Munde)
Gibt es spitze, platte, runde,
Kurze, lange, und im Grunde
Passt sie jedem Hund genau.

Selbst der Schwanz ist unterschiedlich,
Hier ein Drähtchen, dort ein Kranz,
In Bewegung oder friedlich,
Grad, gebogen, dicklich, niedlich,
Zierlich wippend, feist gemütlich,
Jeder Hund hat seinen Schwanz.

Ebenfalls das Beinelüpfen
Unterscheidet Hund und Hund:
Manche tänzeln, andre hüpfen,
Trippeln, kullern, schreiten, schlüpfen.
Kurz, die Art, das Bein zu lüpfen,
Die verrät den Hund im Grund.

Unsre Hunde-Kunde-Stunde,
Die mit dieser Strophe schließt,
Zeigte dünne, spitze, runde,
Winzige und große Hunde,
Kurz, sie zeigte dir im Grunde
Alle Hunde, die du siehst:

Mops und Pinscher, Setter, Foxe,
Windhund, Dogge und Chow-Chow,
Bernhardiner, Pudel, Boxer,
Dobermann und Dackelfrau.

55 Die Spi-Fo-Chow-Mo-Rasse

Wir haben einen Hund.
Der Hund, der ist gesund.
Nur ist der Hund kein Klassehund.
Nur ist der Hund kein Rassehund.
Er ist, mit wenig Worten,
Gemischt aus allen Sorten.

Ein Großpapa: Ein Fox.
Ein Großpapa: Ein Mops.
Ein Spitz die eine Großmama,
Chow-Chow die andre Großmama.
Kurz, um mich knapp zu fassen:
Ein Hund aus allen Rassen.

Oft fragt ein Plappermund:
„Was ist das für ein Hund?"
Dann sagen wir ganz fassungslos:
„Er ist nicht klein, er ist nicht groß,
Er ist vom vielen Mischen
So irgendwas dazwischen."

Dann fragt der Plappermund:
„Wie nennt sich so ein Hund?"
Dann rätseln alle, Klein und Groß:
„Wie nennen wir die Rasse bloß?"
Am besten scheint uns, zwischen
Den Namen gut zu mischen.

Der Name für den Hund
Wird so ganz kunterbunt.
Aus Mops, Chow-Chow und Fox und Spitz
Entsteht zum Schluss – das ist ein Witz –
Die allerbeste Klasse:
Die Spi-Fo-Chow-Mo-Rasse!

Fragt jetzt ein Plappermund:
„Was ist das für ein Hund?"
Glänzt unsre Ehre lilienweiß.
Wir sagen im Familienkreis:
„Er ist die beste Klasse,
Die Spi-Fo-Chow-Mo-Rasse!"

56 Seltsames Zwiegespräch

Ein großer Bernhardiner,
Wuwu,
Trifft einen Dalmatiner,
Wuwu.
Der Dalmatiner ist gefleckt.
Der Bernhardiner ist erschreckt.
Wuwu.

Drum sagt der Bernhardiner:
„Wuwu,
Mein lieber Dalmatiner,
Wuwu,
Wer fleckig ist, ist krank, und dann
Steckt er so leicht auch andre an,
Wuwu!"

Da sagt der Dalmatiner:
„Wuwu,
Mein lieber Bernhardiner,
Wuwu,
Wieso hat dich mein Fell erschreckt?
Ich bin doch von Natur gefleckt,
Wuwu!"

Da lacht der Bernhardiner:
„Wuwu,
Mein lieber Dalmatiner,
Wuwu,
So kleine Tupfen von Natur
Kennt man bei uns als Krankheit nur,
Wuwu!"

57 Der begossene Pudel

Ein Pudelherr mit gutem Herzen,
Ein Hund, wie man ihn selten hat,
Lief eines Tages unter Scherzen
Mit andren Hunden durch die Stadt.

Sie bellten laut aus voller Kehle,
Sie waren voller Witz und Geist,
Kurz, eine Schnauze, eine Seele,
Wie es in Hundekreisen heißt.

Nun wurde überm Hunderudel
Ein Nachttopf wütend ausgeleert.
Sein Inhalt traf den armen Pudel,
Den Pudel nett und liebenswert.

Was alle Hunde treffen sollte,
Das traf den Pudel ganz allein.
Doch statt, dass man ihm Mitleid zollte,
Setzte ringsum ein Kichern ein.

Der arme Pudel, arg begossen,
Hatte zum Schaden noch den Spott.
So mied er seine Weggenossen
Und lief nach Haus in müdem Trott.

Seit diesem Tage weiß der Pudel,
Wie leicht der Hund den Hund vergisst.
Man wird verlassen von dem Rudel,
Wenn man einmal im Unglück ist!

Jetzt lacht der Dalmatiner,
Wuwu,
Mitsamt dem Bernhardiner.
Wuwu.
Man sieht die beiden bummeln gehn,
Weil sie sich nicht mehr missverstehn.
Wuwu! Wuwu! Wuwu!

58 Der Fox und die Hühner

Im Garten sang ein kleiner Fox
Ein Liedchen.
Der Fox trug einen schwarzen Gocks,
Ein Hütchen.

Zur schwarzen Katze sagte er:
„Ihr Diener!"
Doch plötzlich, da entdeckte er
Zwei Hühner.

Da flog ins Gras der schwarze Gocks.
Oh, glaubt mir:
Mit einem Male war der Fox
Ein Raubtier!

Er schoss zu den zwei Hühnern hin,
Ganz plötzlich.
Die Hühner stoben fort und schrien
Entsetzlich.

Im allerletzten Augenblick,
Im letzten,
Entwischten sie dem Hund zum Glück
Und wetzten.

Sie wetzten durch den Lattenzaun,
Die beiden,
Dann gackerten die Hühnerfraun
Vor Freuden.

Der Foxl war ganz außer sich.
Er schnellte
Am Zaun empor und drehte sich
Und bellte.

Ach, dass er durch den Lattenzaun
Sich zwänge,
Dazu war dessen Zwischenraum
Zu enge.

Da mühte sich der kleine Fox
Nicht weiter.
Er setzte wieder auf den Gocks,
Fast heiter.

Er sprach zur Katz: „Empfehle mich,
Ihr Diener!
Ich finde Hühner lächerlich,
Die Hühner!"

59 Der musikalische Hund

Ein C-Gedicht, in dem alle Arten, das C,
das CH und das SCH zu schreiben und aus-
zusprechen, vorkommen.

Ein Hund mit Namen Bello,
Ein Wachhund und Chow-Chow,
Der spielt auf seinem Cello
Den Cantus in Wau-Wau.
Er spielt ihn sehr genau.
Wauwau.

Beim Hundeklub in Celle
Singt Bello auch im Chor.
Er trägt an dieser Stelle
Chansons und andres vor.
Das kann nur ein Chow-Chow.
Wauwau.

Der Bello kommt aus China.
Drum spielt er dann und wann
Auf einer Okarina
Aus feinstem Porzellan.
Und die ist weiß und blau.
Wauwau.

In Celle in der City
Ist Bello hoch geehrt.
Er dirigiert dort mittags
Das Militärkonzert.
Dann klatschen Mann und Frau.
Wauwau.

Ja, wer Musik im Blut hat
Und alle Noten kennt
Und wer zum Spielen Mut hat,
Spielt jedes Instrument.
Besonders als Chow-Chow.
Wauwau.

60 Der kleine Dackel Kasimir

Es war einmal ein Dackel,
Ein wirklich nettes Tier,
Ein kleiner Schnickel-Schnackel-
Und Wickel-Wackel-Dackel
Mit Namen Kasimir.

Er strolchte stets alleine
Durch Ober-Donauwörth
Und setzte seine Beine
Auch ohne Dackelleine
So, wie es sich gehört.

Ihn mochte jeder leiden,
Ob Mensch, ob Katz, ob Hund.
Man grüßte ihn mit Freuden;
Denn er war stets bescheiden
Und so gemütlich rund.

Man rief, sah man ihn traben:
„Gott grüß dich, Kasimir!"
Doch leider gibt es Knaben,
Die keinen Anstand haben.
Die hänselten das Tier.

Es streckten diese Jungen
Mit Lärm und viel Geschrei
Dem Hund heraus die Zungen.
Doch still und ungezwungen
Lief Kasimir vorbei.

Wenn sie den Dackel neckten
Mit spöttischem Gesicht,
Wenn sie die Fäuste reckten,
Wenn sie die Zungen bleckten:
Er sah sie einfach nicht.

Das ärgerte die Rangen.
Sie standen stets bereit,
Um Händel anzufangen.
Sie hatten das Verlangen
Nach Zank und Zwist und Streit.

61 Der Mops und das Kätzchen

Drum kletterten sie endlich
Auf einen Zaun hinauf.
Sie lauerten – wie schändlich,
Wie bös und unverständlich –
Dem armen Dackel auf.

Der Hund kam um die Ecke,
Da traf ihn gleich ein Stein.
Er blieb im ersten Schrecke
Still stehen auf dem Flecke
Und hob verblüfft ein Bein.

Doch als man nach dem Dackel
Mit neuen Steinen schmiss,
Wars aus mit Wickel-Wackel,
Wars aus mit Schnickel-Schnackel.
Kein Wunder, dass er biss.

Laut schreiend floh von hinnen
Die böse Bubenschar.
Sie schrie: „Der Hund muss spinnen!"
Weil Kasi wie von Sinnen
Und ganz verändert war.

Heut geht er an der Leine
Und blafft und kläfft und bellt.
Drum merk dir, Kind, das eine:
Es ändern spitze Steine
So manches auf der Welt.

Ein Mops aus Nicaragua
Erging sich vor dem Haus.
Er pflückte Blumen, hier und da,
Und flocht sie dann zum Strauß.

Ein Kätzchen aus Bolivien
Im schönsten Sonntagsstaat,
Das machte aus Endivien
Erfrischenden Salat.

Sie tat ihn in ein Kübelchen.
Dann knetete sie Klops
Aus Hackefleisch und Zwiebelchen,
Und alles für den Mops.

Und als der Mops zum Kätzchen kam
Mit Blumen und Konfekt
Und liebevoll ihr Tätzchen nahm,
War schon der Tisch gedeckt.

Im Zimmer unterm Giebelchen
Verzehrten sie in Ruh
Die Klöpse mit den Zwiebelchen
Und den Salat dazu.

Und als das Mahl zu Ende war,
Da futterten sie Drops
Und reichten sich die Hände dar,
Das Kätzchen und der Mops.

Man sieht daraus: Im Grunde sind
Sich Hund und Katze gut,
Weil, wenn die zwei im Bunde sind,
Keins etwas Böses tut.

62 Hundesprache

Ein Hund, der in das Ausland geht,
Darf gern die Schule schwänzen,
Weil man ihn überall versteht.
Ein Hund kennt keine Grenzen.
„Du" heißt zum Beispiel englisch „you"
Und italienisch heißt es „tu".
Ein Hund, der sagt nur: „Wu!"

Ach, gings uns, wies den Hunden geht,
Das wäre so gemütlich,
Weil jeder jeden dann versteht,
Ob nördlich oder südlich.
Dann sagt der eine nicht mehr „du",
Der andre „you", der Dritte „tu",
Nein, man sagt einfach: „Wu!"

Doch andrerseits: Mit „Wu" allein
Kann man nicht viel berichten.
Zum Beispiel diese Reimerein,
Ich könnte sie nicht dichten.
Drum sag ich lieber einmal „du"
Und einmal „you" und einmal „tu"
Statt unablässig: „Wu!"

Wenn Hund und Katz sich einigen,
Gibts manchen frohen Hops.
Dies können euch bescheinigen
Das Kätzchen und der Mops.

63.–71. Lektion

Es sprach die Maus zum Floh

Tiere auf dem festen Land

63 Es sprach die Maus zum Floh

Es sprach die Maus zum Floh:
„Mein Flöhlein, hör gut zu!
Ich bin viel größer, Floh,
Und stärker auch als du!"

Da sprach die Katz zur Maus:
„Mein Mäuschen, hör gut zu!
Ich bin viel größer, Maus,
Und stärker auch als du!"

Da sprach das Kalb zur Katz:
„Mein Kätzlein, hör gut zu!
Ich bin viel größer, Katz,
Und stärker auch als du!"

Da sprach der Ochs zum Kalb:
„Mein Kälblein, hör gut zu!
Ich bin viel größer, Kalb,
Und stärker auch als du!"

Da sprach der Elefant:
„Mein Öchslein, hör gut zu!
Ich bin als Elefant
Viel stärker noch als du!"

Da piepte das Atom:
„Herr Elefant, hör zu!
Bin kleiner als der Floh,
Und stärker doch als du,
Viel kleiner als der Floh, o ja,
Und stärker doch als du!"

64 Ein Schäfchen kam im Mai daher

Ein Schäfchen kam im Mai daher.
Da war ein Baum ganz weiß.
Da sprach das Schäfchen: „Bitte sehr,
Ich wusste ja, das Jahr wird schwer.
Der Mai bringt Schnee und Eis!"

Da kam ein gelber Falter an
Und lachte vor sich hin
Und sagte: „Liebes Schäfchen du,
Tritt bitte mal ganz nah herzu;
Doch schau auch richtig hin!"

Und als das Schäfchen näher trat,
Da sah es in der Höh
Nun Blütenblatt an Blütenblatt.
Was es für Schnee gehalten hat,
War lauter Blütenschnee.

65 Der verstörte Tausendfüßler

Ein Tausendfüßler kaufte kürzlich Schuhe,
Fünfhundert Paar, so, wie es sich gehört.
Doch danach war es aus mit seiner Ruhe.
Das arme Tier war früh und spät verstört.

Die tausend Schuhe morgens früh zu finden
Braucht schon genügend Zeit und Sucherei.
Doch sie noch anzuziehn und zuzubinden,
Darüber geht der halbe Tag vorbei.

Das Schuheputzen war auch sehr erregend.
Es hat den armen Kerl ganz krank gemacht.
Denn alle Schuhputzer der ganzen Gegend
Waren damit beschäftigt bis zur Nacht.

Als er am Ende, hungrig und zerschunden,
Nach Haus kam, war er wacklig in den Knien.
Erst hat er tausend Schuhe aufgebunden,
Dann fing er zitternd an, sie auszuziehn.

Sein müdes Maul (er hat ja keine Hände)
Kam bis zum sechshundertundsechsten Schuh.
Beim sechshundertundsiebten wars zu Ende.
Da fielen ihm die Augen einfach zu.

Genau dreihundertvierundneunzig Schuhe
Trug er noch, als zu Boden sank sein Haupt.
Ein Tausendfüßler findet niemals Ruhe,
Wenn er in Schuhen gehn zu müssen glaubt.

66 Das Lämmlein Agathe

Ein Lämmlein, das Agathe hieß,
War selig wie im Paradies
An einem Sonntagmorgen.
Doch plötzlich kam ein Bär daher,
Der Lämmer reißt. Der stöhnte sehr.
Es schien, er hatte Sorgen.

Agathe lief durchaus nicht weg.
Sie wich und wankte nicht vom Fleck.
Stattdessen sprach sie heiter:
„Komm her, mein lieber Zottelbär.
Ich seh dir an, dein Herz ist schwer.
So gehts mit dir nicht weiter!

Es ist", sprach sie, „der Monat Mai,
Der macht das Herz von Sorgen frei,
Sogar die Bärenherzen.
Stimm mit mir in ein Mailied ein,
Dann wirst du frei von Sorgen sein
Und schließlich sogar scherzen."

Da stimmten sie ein Mailied an
(Der Bär war Bass, das Lamm Sopran)
Und sangen, dass es schallte.
Und unterm Singen, denkt euch nur,
Verschwand beim Bären jede Spur
Von einer Sorgenfalte.

Als dann das Lied zu Ende war,
Da rief der Bär: „Wie wunderbar!
Ich fühl mich ganz unbändig!
Du brachtest, Lamm, Gesundheit mir,
Nun schenk ich diese Veilchen dir.
Ich brach sie eigenhändig."

Und wer das Lied vernommen hat,
Der schreibe auf ein Veilchenblatt
Als Tröstung bei Beschwerden:
Der Mai und etwas Freundlichkeit,
Die bringen allen jederzeit
Das Paradies auf Erden!

67 Das Reh

Es liegt ein See im Walde,
Ein kleiner stiller See.
Von einer Hügelhalde
Schaut auf den See das Reh.

Die Bäume stehn herummer,
Wie Greise, bärtig, alt.
Doch plötzlich tritt ein stummer
Wilderer aus dem Wald.

Er sieht im dunklen Spiegel
Sein struppiges Gesicht.
Das helle Reh am Hügel
Erblickt der Fremde nicht.

Doch plötzlich sehn sich lange
Und bang die beiden an,
Der Mann das Reh am Hange,
Das Reh den fremden Mann.

Sie stehen da wie Träume.
Sie schaun sich an. Dann gehn
Sie rückwärts in die Bäume.
Und es ist nichts geschehn.

Der Mann hat nicht geschossen,
Das Reh hat nicht gebebt.
Vielleicht hat Gott beschlossen,
Dass es noch lange lebt.

68 Die blaue Blume und der Ziegenbock

Ein Ziegenbock, der für vernünftig galt
(Er glaubte an die Logik ganz alleine),
Fand einst die blaue Blume tief im Wald,
Zu allem Überfluss beim Mondenscheine.

Da sprach der Ziegenbock: „Jetzt hab ich hier
Gelegenheit, den Ziegen zu beweisen,
Dass Aberglauben dumm ist für ein Tier,
Ob nun für Fliegen, Ziegen oder Meisen!"

Die blaue Blume, schön und zauberhaft,
Besungen durch Gedichte und durch Lieder,
Die blaue Blume mit der Wunderkraft,
Die fraß er auf und käute sie dann wieder.

Dann sprach er logisch: „Jetzt wird sie verdaut,
Ich werde mir den Darm schon nicht verrenken.
Und wie die Blume hinterher ausschaut,
Das kann sich jeder kluge Kopf wohl denken!"

Doch einen Zauber, den verdaut man nicht.
Man lässt ihn besser abseits stehn und welken.
Es ist auch gar nicht klug, wenn man ihn bricht
Wie Gänseblümchen, Tulpen oder Nelken.

Beim Geißbock jedenfalls blieb seit der Nacht
Die blaue Blume unverdaut im Magen.
Das hat ihn seltsam und konfus gemacht.
Was er jetzt alles tat, ist kaum zu sagen.

Vor einer alten Ziegenvettel sank
Er hin und sang: „Du duftest so betörend!"
Jedoch sie duftete nicht, sondern stank.
Sie wusst es selbst und fand den Bock empörend.

Zu einem faulen Kohlkopf sprach der Bock:
„Rose von Stambul, wie ich dich begehre!"
Vor einem aufgehängten Unterrock
Rief er: „Ahoi! Wir segeln durch die Meere!"

Er schmolz dahin vor jeder Ziegenfrau.
Er sah ein Lilienfeld in dürren Halmen.
Er nannte alle Blumen himmelblau.
Und alle Disteln wurden Südseepalmen.

Von früh bis abends war der Bock entzückt.
Bei allen Hühnern, Menschen oder Ziegen
Galt er nach ein paar Tagen als verrückt.
Man wich ihm aus und ließ ihn stets links liegen.

Nach sieben Tagen war der Arme tot.
Er lag durchgeistigt da auf grünen Auen.
Die blaue Blume ist kein Abendbrot,
Denn blaue Blumen kann man nicht verdauen.

69 Die verzauberten Hasen

Es lebte einst ein Zauberer,
Der hieß Serenus Blupp.
Der sagte, wenn er zauberte:
„Hei schnibel, schnabel, schnupp!"

Er wohnte im Hollhullehaus
In Langenlügenstein.
Dort traten eines Frühlingstags
Zwei Hasen bei ihm ein.

Die wollten gerne Tauben sein
Und fliegen, gurrn und taubern.
Drum baten sie den Zauberer,
Sie freundlichst zu verzaubern.

Da schmunzelte, da drehte sich,
Da sprach Serenus Blupp:
„Heut Nacht sei euer Wunsch erfüllt.
Hei schnibel, schnabel, schnupp!"

Und als der Tag zu Ende war
(Es ist fast nicht zu glauben),
Verwandelten die Hasen sich
Wahrhaftig in zwei Tauben.

Sie flogen durch die Abendluft
Hinab, hinauf, hinunter.
Sie setzten sich auf manches Dach
Und schnäbelten mitunter.

Doch anderntags schon saßen sie
Betrübt auf einem Rasen.
Sie waren zwar zwei Tauben jetzt,
Doch fühlten sie wie Hasen.

Sie hatten beide große Lust,
In ihren Bau zu schlüpfen.
Doch leider kann ein Taubenpaar
Nur fliegen oder hüpfen.

Auch war zum Nagen am Salat
Ihr Schnabel nicht geeignet.
Man sieht, dass auch im Federkleid
Ein Has sich nicht verleugnet.

Sie hungerten nach Wirsingkohl
Und konnten ihn nicht nagen.
Sie wurden immer magerer
Und starben nach zwei Tagen.

Die andern Hasen murmelten
Im Gras auf ihrer Wiese:
„Bist du ein Has, so bleib ein Has
Und nähr dich von Gemüse!"

70 Der Esel als Präsident

Ein Gedicht mit vielen „e"

Ein Esel, den ein jeder kennt
In Bremen an der Weser,
Der wurde plötzlich Präsident,
Regent und Reichsverweser.
Als Präsident gab er Befehl:
„Ein jeder trage auf der Stell
Jetzt graue Augengläser!"

Und jeder (Hund, Kind, Mann und Frau)
Tat nach des Esels Willen.
Jetzt sah ein jeder jedes grau
Durch jene eklen Brillen.
Man sah sich wie durch Nebel an.
Den Farbenhunger konnte man
Nur noch im Traume stillen.

Jetzt glich sich jeder Schmetterling,
Der blaue wie der gelbe.
Ob Engel oder Engerling:
Die Farbe war dieselbe.
Jetzt glich das Reh der Ente und
Der Regenwurm dem Kettenhund,
Die Weser glich der Elbe.

Der Esel, von sich selbst ergötzt,
Sprach streng: „Ich will euch lehren
Stets über gleiche Kämme jetzt
Die ganze Welt zu scheren.
Jetzt kann ich Untergebene
Auf gleicher grauer Ebene
Mit einem Besen kehren!"

Ins Elend wär die Welt gerutscht,
Hätt nicht ein Kerl aus Hagen
Die trägen Wesen aufgeputscht,
Die Brillen nicht zu tragen.
Jetzt wurden alle Wesen schlau.
Jetzt wagten Hund, Kind, Mann und Frau,
Den Esel zu verjagen.

Nun sah man plötzlich wieder bunt,
Auch sah man wieder weiter,
Und wurde so, ob Mensch, ob Hund,
Viel klüger und gescheiter.
Man sah erst jetzt in Land und Stadt:
Was Eigenart und Farbe hat,
Macht erst die Erde heiter!

71 *Lamm und Kalb*

Ein Gedicht ohne „e"

Am Abhang lag das Lattichblatt.
Da kam das Lamm und aß sich satt.
Das Kalb kam hungrig auch dazu
Und sprach: „Wo ist das Blatt, muh muh?"
Da sprach das Lamm: „Das fraß ich halb!
Friss du, was übrig ist, du Kalb!"

72.–81. Lektion

Ich möchte mal auf einem Seepferd reiten

Tiere auf und unter dem Wasser

72 Ich möchte mal auf einem Seepferd reiten

Ich möchte mal auf einem Seepferd reiten.
Ich möchte sieben Nummern kleiner sein
Und auf dem Seepferd durch die Meere gleiten
Bis in die Bai von Mexiko hinein.

Ich würde es entlang dem Golfstrom lenken.
Ich ritte dort, wo Magellan einst fuhr.
Ich würde rasten auf Korallenbänken
Und ankern vor Shanghai und Singapur.

Ich sähe heiter die Delphine springen,
Ich sähe Nereide und Triton,
Ich hörte ferne die Sirenen singen
Und manchmal einen Dampfsirenenton.

Ich könnte, was der Hering spricht, verstehen,
Und was die Quallen schweigen, wär mir klar.
Ich würde meinem Seepferd Locken drehen
In sein hauchdünnes Seepferdmähnenhaar.

Ich würde winken, wenn Medusen winken.
Ich klopfte auch an manches Muschelhaus.
Ich würde blinzeln, wenn Makrelen blinken.
Doch vor Polypen nähme ich Reißaus.

Ich holte Perlen mir aus Austernschalen,
Ich suchte Flossensilber und Perlmutt.
Ich schwätzte unter grünen Sonnenstrahlen,
Wenn Mittag wär, mit Kabeljau und Butt.

Ich säh die kleinen Fische und die großen,
Des Rochen Stachel und des Haifischs Zahn.
Ich sähe Möwen in das Wasser stoßen
Und einen gut dressierten Kormoran.

Ich säh den Wal, das Ungetüm der Meere,
Die Wasserratte und die Wassermaus,
Die Schwertfischlanze und die Hummerschere
Bequem von meinem Seepferdrücken aus.

Ich könnte, möchte, würde oder sollte
In alle Meere tauchen, klaftertief.
Weil ich nicht kann, was ich so gerne wollte,
Reit ich den Seepferdritt im Konjunktiv.

73 Medusen

Durchsichtig, gläsern, wie auf Fadenfüßen,
Treiben Medusen langsam durch das Meer.
Wenn sie einander, sehr von ferne, grüßen,
Wehen die Fäden schlenkernd hin und her.

Sie atmen sichtbar, wenn sie leise schweben.
Erst dehnen sich die halben Kugeln aus,
Dann ziehn sie sich zusammen. Alles Leben
Ist Atmen; denn es atmet selbst die Laus.

Lasst die Medusen in den Ozeanen
Steigen und sinken, still und stumm und sacht.
Wenn sie vorüberwehn, blassblaue Fahnen,
Siehst du den Atem, der uns leben macht.

74 Sardinen

Sardinen gibt es massenhaft.
Man sieht sie nur gemeinsam.
Sie leben in der Hundertschaft
Und äußerst selten einsam.

Gemeinsam sind sie voller Wut,
Gemeinsam voll Verlangen,
Gemeinsam voller Übermut,
Gemeinsam voller Bangen.

Im Schwarm sein ist Sardinenbrauch,
Bei Alten wie bei Jungen.
Gemeinsam werden sie dann auch
Von einem Wal verschlungen.

Und stößt kein Wal auf sie herab,
Dann gehn die Ahnungslosen
Gemeinsam in das Massengrab,
In die Sardinendosen.

Und die Moral, die sich ergibt,
Sei keineswegs verschwiegen:
Wer das Sardinenleben liebt,
Wird einst in Dosen liegen.

75 *Seeschlangensong*

Die Schlange Serpentina
Erfüllte wochenlang
Die Straße von Messina
Mit grässlichem Gesang.

Doch kriegte man sie klein zum Schluss.
Und zwar geschah das so:
Man gab der Schlange Rizinus.
Oh! Oh! Oh!

Doch sang sie bald schon wieder,
Denn sie war schnell gesund.
Da fragte ganz Messina:
„Wann hält sie bloß den Mund?"

Man schoss mit Schrot und Blei und Pfeil,
Damit das Vieh entfloh.
Doch immer blieb die Schlange heil.
Oh! Oh! Oh!

Die Schlange Serpentina
Hat man dann doch besiegt.
Man hat sie vor Messina
Durch Schmeicheln kleingekriegt.

Man sagte: „Du bist schön und schwer;
Doch wirkt das hier nicht so.
Du wirkst nur draußen auf dem Meer!
Oh! Oh! Oh!"

Die Schlange Serpentina,
Die war geschmeichelt sehr.
Und sie verließ Messina
Und schwamm hinaus ins Meer.

Messina war von ihr befreit.
Die Leute waren froh.
Das war ein Sieg der Höflichkeit.
Oh! Oh! Oh!

76 *Hinterglastiere*

Der Tintenfisch wird hinter Glas erst schön,
Als Hinterglastier im Aquariumsbecken.
Da kann man ihn die vielen Arme strecken
Und diese Arme auch von unten sehn.

Ah, das sind Perlenschnüre, die man sieht!
Saugnapf an Saugnapf sitzt wie Perl an Perle.
Sind Tintenfische sonst auch rüde Kerle:
Gern sing ich ihnen hinter Glas ein Lied.

So manches Hässliche, das uns umschlingt,
Kann überraschend schön sein und voll Frische,
Wenn man es in den rechten Rahmen bringt
Und hinter Glas setzt. Wie die Tintenfische.

77 Hummerjan

Es war einmal ein Hummer,
Der hatte großen Kummer.
Er kroch im tiefen Meer
Verzweifelt hin und her.
Da kamen sieben Schnecken
Aus ihren Felsverstecken.
Die fragten, warum er
So sehr verzweifelt wär.

Der Hummer sprach: „Ihr Damen,
Ich habe keinen Namen!
Ich heiße weder Hans
Noch Otto oder Franz.
Von allen Hummernamen,
Die einst in Frage kamen,
Blieb leider, weh und ach,
Für mich nicht einer nach!

Nie holt man mich zu Festen
Mit andern Hummergästen,
Weil (was mich schrecklich quält),
Weil mir ein Name fehlt.
Bringt meine liebe Mutter
Für ihre Kinder Futter,
Ruft sie die andern bloß,
Denn ich bin namenlos.

Ich möchte alle beißen,
Die Franz und Otto heißen.
Es ist schon eine Pein,
So namenlos zu sein.
Ihr lieben Schneckendamen,
Kommt, gebt mir einen Namen!
Sonst werde ich ergrimmt
Und kneife euch bestimmt!"

Die sieben Wasserschnecken
Bekamen einen Schrecken.
Nur eine sagte keck:
„Sei friedlich und geh weg,
Du Dummerjan, du dummer!"
„Wie bitte?", rief der Hummer.
„Jan Hummer? Hummerjan?
Das hört sich reizend an!"

„Dank!", rief er. „Dank, ihr Damen!
Jetzt hab ich einen Namen!"
Dann kroch der Dummerjan
Davon als Hummerjan.
Ihr seht an diesem Hummer:
Es gibt so manchen Kummer,
Der flieht, wenn man ihn kennt
Und ihn beim Namen nennt.

78 Der Hai und der Delphin

Es gab mal ein Aquarium
In Hamburg oder dort herum.
Da stritt man sich erbittert.
Da zankten sich Delphin und Hai
Um das Problem: „Wer von uns zwein
Wird nun zuerst gefüttert?"

„Ich", sprach der Hai, „bin ringsherum
Der Stärkste im Aquarium,
Der Größte und der Schwerste!
Mich schreckt nicht Sturm noch Witterung.
Drum bin ich bei der Fütterung
Auf jeden Fall der Erste!"

„Ich", sprach der tänzelnde Delphin,
„Kann springend durch die Wogen ziehn.
Das kann nur ich allein!
Drum werd ich bei der Fütterung
Trotz deiner Hai-Erbitterung
Bestimmt der Erste sein!"

Die beiden Fische rissen sich
Am Schwanze, und sie bissen sich,
Dass das Aquarium krachte.
Sie übersahen durch den Streit
Den Wärter, der zur Mittagszeit
Den beiden Futter brachte.

Als sie am Ende tief erschöpft,
Zerkratzt, zerbissen und geschröpft,
In ihrem Becken trieben,
Da war das ganze Mittagsmahl
Verzehrt von einem kleinen Wal.
Und nichts war nachgeblieben.

Die Frage, welcher von den zwein
Soll Erster bei der Fütterung sein,
War ungelöst wie vorher.
Und überdies fand jeder Fisch
Von dem ersehnten Mittagstisch
Nicht mal ein Schneckenohr mehr.

„Drum merkt euch", sprach der kleine Wal,
„Gelüstet euch nach einem Mahl,
Dann freut euch des Gerichts!
Und streitet nicht, ob man dabei
Der Erste oder Zweite sei.
Sonst habt ihr schließlich – nichts!"

79 Das Nilpferdkind

Wenn der Nilpferdvater im Wasser platscht
Und die Nilpferdfrau mit der Seekuh klatscht
Und beide schrecklich beschäftigt sind,
Was tut dann – bittschön – das Nilpferdkind?

Beißt es von hinten ein Krokodil?
Fängts an zu wiehern als Pferd vom Nil?
Hat es vielleicht was von Spielzeug gehört,
Und es wünscht sich ein kleines Schaukel-Nilpferd?

Ach, ich weiß nicht,
Wonach sich ein Nilpferdkind sehnt;
Denn es öffnet nur faul
Sein Maul
Und gähnt.

80 Der Wassermann und die Krebse

Ein Wassermann mit Namen Schulze
Aß eines Mittags gegen zwei
Mit vollen Backen Heringssulze
Und sprach zu seiner Frau dabei:

„Ich bin ein braver Kerl, Mariechen;
Doch hasse ich voll Leidenschaft
Die Krebse, welche seitwärts kriechen.
Ich find sie einfach ekelhaft!"

Die Wassermännin sagte zierlich:
„Mit vollem Munde spricht man nicht!
Lern von den Krebsen, wie manierlich
Man essen kann, selbst wenn man spricht!"

Sie zeigte auf die Felsenplatte,
Die unterhalb der Mole war,
Und wo sich just versammelt hatte
Von Krebsen eine kleine Schar.

Die Krebse, Damen sowie Herren,
Rupften dort frische Algen und
Führten die Algen mit den Scheren,
Wie mit Besteck, apart zum Mund.

Die Beine locker seitwärts spreizend,
Wie man es oft bei Krebsen sieht,
Wünschten sie sich besonders reizend
Und höflich guten Appetit.

„So essen Krebse, lieber Schulze!",
Sagte die Wassermännin ernst.
„Ob du mit deiner Heringssulze
Je so manierlich essen lernst?"

Der Wassermann, der grad verdaute
Und Reste klaubte aus dem Bart,
Versetzte, weil er nicht mehr kaute,
Auf seine etwas barsche Art:

„Ich hielt die Krebse für Banausen.
Jetzt sehe ich, dass mancher Mann,
Verdammt, mich soll der Affe lausen,
Noch von den Krebsen lernen kann!"

81 Das Lied der Tritonen

Auf Muschelhörnern blasend, reiten sie,
Halb Fisch, halb Mensch, im weißen Schaum
　der Wellen.
Man sieht sie manchmal über Riffe schnellen
Und hört die immer gleiche Melodie:

„Wir reiten auf Wellen, wir fahren durchs Blau.
Wir suchen nach einer Tritonenfrau
Und wissen nicht, ob es sie gibt.
Wir jagen den Traum, doch wir greifen ihn nie.
Wir hörten von ihr, und nun suchen wir sie,
Auf ewig verdammt und verliebt."

Durchs warme Mittelmeer sieht man sie ziehn,
Auf Wogenkämmen und auf Wellenkronen.
Es reiten, reiten singend die Tritonen,
Und ihrem Lied lauscht manchmal ein Delphin.

Vorbei an Korfu und an Ithaka,
an Naxos, Rhodos und nach Süden weiter
Ziehn die Tritonen; doch sie sind nicht heiter.
Die alte Sehnsucht ist noch immer da.

Auf Muschelhörnern blasend, müssen sie,
Halb Fisch, halb Mensch, so ewig weiterreiten.
Die Möwen und die Wellen nur begleiten
Den Zug und seine alte Melodie:

„Wir reiten auf Wellen, wir fahren durchs Blau.
Wir suchen nach einer Tritonenfrau
Und wissen nicht, ob es sie gibt.
Wir jagen den Traum, doch wir greifen ihn nie.
Wir hörten von ihr, und nun suchen wir sie,
Auf ewig verdammt und verliebt."

82.–90. Lektion

Wer die Spatzen will begreifen

Spatzen und anderes Geflügel

82 Spatzen-Internationale

Lasst uns in verschiednen Ländern
Einen kleinen Satz verändern,
Nämlich diesen kleinen Satz:
    Auf dem Dache pfeift der Spatz.

Lasst uns erst nach Frankreich gehen
Und die Spatzen dort besehen.
Dann entsteht von selbst der Satz:
    A la dasch pfeiffé la schpaz.

Fahren wir, wie Spatzen heiter,
Mit dem Schiff nach England weiter,
Dann heißt dort der gleiche Satz:
    Off der dack da five the spats.

Wenn wir nun nach Osten reisen,
Wird der Satz ganz anders heißen.
Russisch hieße dieser Satz:
    Joi, auf datschka pfaiff schtrrrbatz!

Führen wir nun weiter südlich,
Spatzenfroh und ganz gemütlich,
Hörten wir in Rom den Satz:
    Alla dacca faiffa spazz.

Wer die Spatzen will begreifen,
Die von allen Dächern pfeifen,
Denke dran: Sie sind nun mal
    Wirklich international!

83 Anzeigen aus dem Spatzenkurier

Trocknes Starenhäuschen neben
Delikatem Pferdestall
Umstandshalber abzugeben!
Billig wegen Trauerfall.

*

Junges Paar sucht Platz zum Legen,
Möglichst ländlich, Nähe Dung.
Bieten: Platz in Schlossparknähe,
Täglich Taubenfütterung!

*

Unterricht in Modetänzen,
Regenpfeifer-Swing und Rock.
Allerbeste Referenzen!
Institut Spazilius Schmock.

*

Deutscher Spatz, verlass die Städte!
Kehr zurück zu der Natur!
Meide den Asphalt und trete
In den Kampfbund für Kultur!

84 Spatz hört mit!

Reizend ist Sebastian,
Niedlich, klein und keck.
Doch was stellt er alles an!
Ach du Schreck!

Sagt er doch durchs Telefon
Zu dem kleinen Schmidt:
„Ich reiß aus nach Iserlohn.
Machst du mit?"

„Mach ich!", ruft der kleine Schmidt.
„Bravsein hab ich satt!
Sag mir nur, was nimmt man mit
Auf die Fahrt?"

„Wichtig", sagt Sebastian,
„Ist ein Hut aus Stroh.
Solch ein Hut, mein lieber Mann,
Drückt nicht so!"

„Einen Strohhut hab ich schon",
Sagt der kleine Schmidt.
„Auf der Fahrt nach Iserlohn
Kommt er mit!"

„Gut", sagt der Sebastian,
„Auch mein Hut ist hier.
Treffen wir uns an der Bahn
Um halb vier.

Fragt man dich, wohin du gehst,
Kriech nicht auf den Leim.
Unsre Pläne – du verstehst –
Sind geheim!"

Schmidtchen sagt: „Ist gut! Ist schön!"
Und: „Verlass dich drauf!"
Danach legen beide den
Hörer auf.

Doch der frechste Spatz der Stadt
Hat die zwei belauscht
(Auf dem Telegraphendraht)
Und geplauscht.

Ach, was hat der Spatz getan!
Bald weiß jedes Haus:
Schmidtchen und Sebastian
Reißen aus!

Alle Spatzen pfeifen es
Laut von jedem Dach,
Und die zwei begreifen es
Nach und nach.

Wütend sagt Sebastian,
Der zu Schmidt gestapft:
„Unsre Leitung hat ein Spatz
Angezapft!"

Ach, nun fällt die Reise aus.
Wer hätt das gedacht?
Beide werden nun zu Haus
Ausgelacht.

Darum sagt Sebastian
Zu dem kleinen Schmidt:
„Ruf ab heute nicht mehr an!
Spatz hört mit!"

85 Die Mücke Monika

Man hielt sehr große Stücke
Von Monika, der Mücke;
Denn sie fand stets am rechten Ort
Zur rechten Zeit das rechte Wort
Als kleine Kammerzofe
Am Mückenkönigshofe.

Einst trug sie auf der Treppe
Der Königin die Schleppe.
Da brabbelte sie vor sich hin:
„Wann wäscht sich bloß die Königin?
Sie riecht mal wieder grässlich
Und schminkt statt schön sich hässlich."

Das brach der kleinen Mücke
Am Ende das Genicke.
Die Zofe Anastasia,
Die neidisch war auf Monika,
Erzählte das ausführlich
Der Königin natürlich.

Die alte Hoheit sagte:
„Das büßt sie mir!" Und klagte
Gegen die Zofe, klein und jung,
Auf Majestätsbeleidigung.
Die Richter sagten: „Schade!"
Doch gab es keine Gnade.

In einen Kübel Jauche
Tunkt man nach altem Brauche
Ein Mückentier, das sich vergeht
Gegen die Mückenmajestät.
Es muss darin versinken
Und, laut Gesetz, ertrinken.

Jedoch der alte König
War mitleidig ein wenig.
Er sprach: „Ertränkt sie halt in Sekt,
Dass ihr das Sterben süßer schmeckt.
Sie war an meinem Hofe
Beliebt als Kammerzofe!"

Die Richter sagten: „Amen!"
Und in des Königs Namen
Stieß man die Mücke, jung und klein,
Sehr roh in ein Glas Sekt hinein.
Man hatte mit der Armen
Nicht Mitleid noch Erbarmen.

Doch als die arme Mücke
Versank vor aller Blicke,
Rief sie versinkend noch: „Respekt!
Jetzt darf ich als Insekt in Sekt
Sogar Champagner trinken,
Weil Königinnen stinken!"

Dann ging die Mücke unter
Und starb, beschwipst und munter.
Die Königin, die alte Frau,
Wurde vor Ärger gelb und blau.
Sie wurde von der Jungen
Im Tode noch bezwungen.

Seitdem heißt es am Hofe
Von Monika, der Zofe:
„Sie starb als freies Mückentier,
Denn sie war mutiger als wir,
Die wir uns ohne Mucken
Vor einem Stinktier ducken."

86 Eine Mücke wollte reisen

Eine Mücke wollte reisen
Nach Berlin und nach Athen
Und die ganze Welt umkreisen,
Um sich alles anzusehn.

Sie flog erst zum Abfallkübel,
Der in einer Ecke stand.
Doch der Kübel roch sehr übel,
Was die Mücke grässlich fand.

„Ach, die Welt riecht ganz abscheulich!",
Rief die Mücke zornig aus.
„Wenn das so ist, dann verweil ich
Lieber doch bei mir zu Haus!"

Und sie flog mit einem leisen
Sirren heim auf ihren Mist
Und erklärt nun, dass das Reisen
Ekelhaft und schwierig ist.

Liebe Kinder, diese Mücke
Gab schon auf, eh sie begann.
Selbst die kleinste Schicksalstücke
Wirft oft um den stärksten Mann.

Früh verzagen ist von Übel.
Gut, wenn man sich standhaft hält.
Denn ein kleiner Abfallkübel
Ist noch nicht die ganze Welt.

87 Der Uhu und die Unken

Ein u-Gedicht

Sieben dumme Unken munkeln:
„Unke punke u ru ru,
In dem Brunnen, in dem dunkeln,
Sitzt ein schwarzer Marabu!"

Uhu Schuhu hört sie munkeln,
Unke punke u ru ru,
Und lugt runter in den dunkeln
Brunnen mit den Augen gluh.

Doch nach einer Viertelstunde,
Unke punke u ru ru,
Brummt er: „Auf dem Brunnengrunde
Ist kein schwarzer Marabu.

Nur die runden Brunnensteine,
Unke punke u ru ru,
Malen in dem fahlen Scheine
Schatten wie ein Marabu!"

Klatsch und Tratsch und Unkenmunkeln,
Unke punke u ru ru,
Wuchern immer nur im Dunkeln.
Besser ist, man hört nicht zu!

88 Die Reise nach Rom

Es läuft eine kleine Welle
Im Bach.
Da flügelt die blaue Libelle
Ihr nach.

„Wohin?", fragt die blaue Libelle.
„Nach Rom!"
„Wer zeigt dir den Weg, kleine Welle?"
„Der Strom!"

„Was gibt es denn", fragt die Libelle,
„In Rom?"
Da plappert die freundliche Welle:
„Den Dom!"

„Du läufst zu dem Dom, kleine Welle?
Warum?"
„Er spiegelt sich in mir, Libelle!
Darum!"

„Das ist", sagt die blaue Libelle,
„Ein Grund!
Bleib munter und bleib, kleine Welle,
Gesund!"

Dann schwirrt die Libelle im Kreise
Am Strom
Und ruft noch: „Recht glückliche Reise
Nach Rom!"

89 Die Biene Liane

Die Biene Liane
Fiel – plumps – in die Sahne
Und strimpelt und strampelt
Und himpelt und hampelt
Und zappelt gar sehr
In der Sahne umher.

Nun kann sie nicht starten
Zu lustigen Fahrten.
Nun summt sie und brummt sie
Und paddelt und schwaddelt
Und schaukelt – summsumm –
In der Sahne herum.

Die Biene Liane
Schlägt Schaum in der Sahne.
Das Quirlen und Wirlen,
Das Blubbern und Bubbern
Verwirrt ihr den Blick.
Doch die Sahne – wird dick!

Die Sahne – o wehe –
Sie schäumt in die Höhe.
Die Bläschen im Gläschen,
Sie quellen und schwellen.
Das Bienchen wird lahm.
Aber dick wird der Rahm.

Die Biene Liane
Steigt auf mit der Sahne.
Dies Schäumen, Sich-Bäumen –
Wer ließ sich das träumen? –
Es hebt sie mit Braus
Aus der Sahne heraus!

Sie quillt aus dem Glase
Und fällt auf die Nase.
Da schluchzt sie und juchzt sie
Und bügelt die Flügel
Und brummelt vergnügt
Und erhebt sich und – fliegt!

90 *Das berühmte Huhn*

Es war einmal ein Hühnchen,
Das machte viel Geschrei
Und legte dreimal täglich
Ein weißes Hühnerei.

Im Sommer und im Winter,
Im Herbst und auch im Lenz
War es im Eierlegen
Ganz ohne Konkurrenz.

Man fand nicht seinesgleichen
In West, Süd, Ost und Nord.
Es hielt im Eierlegen
Bestimmt den Weltrekord.

Nun ging einmal zu Ostern
Ein Bub an ihm vorbei.
Der trug in seiner Rechten
Ein blaues Osterei.

Ungläubig staunend starrte
Das Huhn den Buben an.
Um seine Seelenruhe
Wars augenblicks getan.

„Ich lege blau!", beschloss es
Und machte das sehr schlau:
Es gackerte beim Legen
Die Rhapsodie in Blau.

Es legte unterm Singen
Fünf Eier, hübsch im Kreis.
Doch leider waren alle
Fünf Eier strahlend weiß.

Seitdem ist dieses Hühnchen
Berühmter als vorher.
Es legt jetzt schon sechs Eier
Und bald vielleicht noch mehr.

Es legt wie niemand vor ihm
Und hofft von Mal zu Mal,
Ein blaues Ei zu legen.
Doch ist umsonst die Qual.

Kein blaues Ei entschlüpft ihm.
Stets weiße legt es nur.
Denn weiße Eier legen
Die Hühner von Natur.

Vom Ehrgeiz angestachelt,
Unmögliches zu tun,
Brichts alle Leg-Rekorde
Als das berühmte Huhn.

91.–99. Lektion

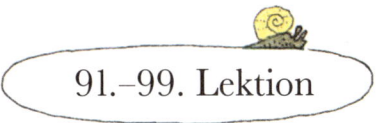

Schmock war ein kleiner Schneider

Tiere und Menschen

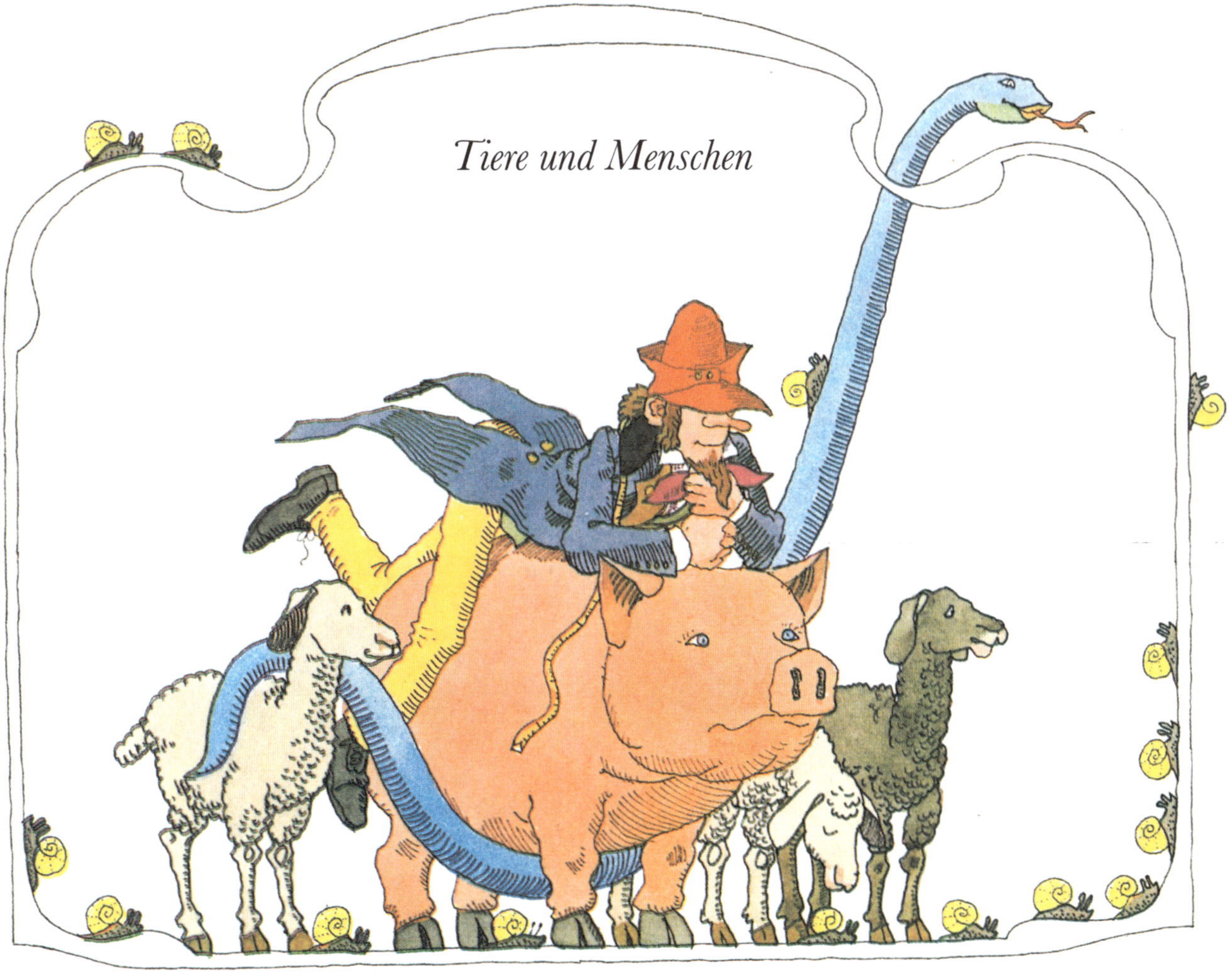

91 Der Sperling und die Schulhof-Kinder

Ein Sperling, der von ungefähr
Zu einem Schulhof kam,
Erstaunte über das, was er
Auf diesem Hof vernahm.

Ein Mädchen sprach zu Meiers Franz:
„Du alter Esel du!"
Da sprach der Franz: „Du dumme Gans
Bist eine blöde Kuh!"

Der Walter sprach zum dicken Klaus:
„Mach Platz, du fetter Ochs!"
Da rief der Klaus: „Du fade Laus,
Pass auf, dass ich nicht box!"

Zum Peter sprach Beate nun:
„Du Affe, geh hier weg!"
Da rief der Peter: „Dummes Huhn,
Ich weiche nicht vom Fleck!"

Der Sperling meint, er hör nicht recht.
Es tönte allenthalb:
„Du Schaf! Du Floh! Du blöder Hecht!
Du Hund! Du Schwein! Du Kalb!"

Der kleine Sperling staunte sehr.
Er sprach: „Es schien mir so,
Als ob ich auf dem Schulhof wär;
Doch bin ich wohl im Zoo!"

92 Fritz und Bumm und Ganymed

Ich will euch was erzählen
Von meinem Bruder Fritz.
Der hockt auf Elefanten
Im Elefantensitz.

Auch steigt er auf den Rüssel
Des Elefanten Bumm
Und macht dort einen Handstand
Vor sehr viel Publikum.

Fritz ist auch mit dem Löwen
Augustus gut bekannt.
Augustus mag ihn leiden
Und frisst ihm aus der Hand.

Und Lydia, die Gämse,
Und Ganymed, das Gnu,
Die werfen meinem Bruder
Verliebte Blicke zu.

Sogar das Nashorn Paula
Schnauft selig, wenn er naht.
Es reibt an ihm die Nase,
Die einen Aufsatz hat.

Sogar Familie Tiger,
Mama, Papa und Kind
Sind ihm seit vierzehn Tagen
Erstaunlich wohlgesinnt.

Nur Fridolin, das Lama,
Benimmt sich manchmal roh
Und spuckt, wenn Fritz es bürstet.
(Die Lamas sind halt so.)

Auch Clivia, die Schlange,
Ist meinem Bruder gram,
Weil Fritz am Weihnachtsabend
Mal nicht zum Füttern kam.

Doch dafür schätzt ihn Achmed,
Das alte Krokodil.
Es gibt sich trotz des Panzers
Sehr freundlich und zivil.

Und wisst ihr, warum Achmed
Den Fritz so sehr verehrt
Und warum Fritz mit Tieren
So freundschaftlich verkehrt?

Mein Bruder Fritz ist Wärter.
Und wollt ihr wissen, wo?
Das ist nicht schwer zu raten:
Bei uns zu Haus im Zoo.

Und die Moral, ihr Lieben,
Die ist ein alter Hut:
Wer gut ist zu den Tieren,
Dem sind die Tiere gut.

93 Annabella Apfelstrudel

Annabella Apfelstrudel
Kennt und liebt ganz Österreich.
Auch ihr Kätzchen und den Pudel,
Die erkennt ein jeder gleich.
Alle drei sind süß und rund:
Annabella, Katz und Hund.

Annabella Apfelstrudel
Hat ein reizendes Café
Für die Menschen, für die Pudel
Und für Hase, Pferd und Reh.
Man besucht aus gutem Grund
Annabella, Katz und Hund.

Annabella Apfelstrudel
Backt wie niemand auf der Welt.
Kürzlich hat ein Hunderudel
Einen Zentner Keks bestellt.
Also buken hundert Pfund
Annabella, Katz und Hund.

Annabella Apfelstrudel
Wird geliebt von Mensch und Tier.
Darum bring ich, didel dudel,
Dieses kleine Ständchen ihr.
„Bleibt vergnügt, und bleibt gesund,
Annabella, Katz und Hund!"

94 Der Jäger Löffelmann

Man sagt, der Jäger Löffelmann,
Der stellt sich wie ein Töffel an.
Die Hasen und Karnickel,
Die hat er oft beim Wickel.

Doch nie packt er das Ganze an.
Er fasst sie nur am Schwanze an.
Sie brauchen nur zu ziehen,
Dann können sie entfliehen.

Früh, wenn es hinterm Weiher tagt,
Geht Löffelmann auf Reiherjagd.
Er schießt ganz ohne Tarnung
Zuerst einmal zur Warnung.

Der kurze Feuerüberfall
Erschreckt die Reiher überall.
Sie fliegen fort zum Flusse
Noch vor dem zweiten Schusse.

Wenn Löffelmann auf Pirsche geht
Und tief im Wald auf Hirsche geht,
Dann führt er seine kleine
Schoßhündin an der Leine.

Die jault die ganze Zeit herum.
Das Wild vernimmt es weit herum
Und flieht und zieht geschwinde
Davon in alle Winde.

Tatsächlich stellt Herr Löffelmann
Sich ständig wie ein Töffel an.
Nicht mal die scheuen Füchse
Erschreckt er mit der Büchse.

Man hat ihn oft schon ausgelacht.
Doch hat ihm das nichts ausgemacht.
Er sagt – und bleibt ganz friedlich:
„Die Tiere sind so niedlich.

Ich hab nun mal ein Herz für sie.
Ich schieße nur zum Scherz auf sie.
Ich pfleg sie nur zu necken.
Ich spiele nur Verstecken."

So stellt sich Jäger Löffelmann
Absichtlich wie ein Töffel an.
Das ist zwar gar nicht zünftig
Doch reizend unvernünftig.

95 Der Floh im Wald

Ein Floh war ausgeflogen
Aus einer großen Stadt
Und in den Wald gezogen.
Er hatte Städte satt.

Ein Waldarbeiterlager,
Das wurde sein Zuhaus.
Doch lebte er hier mager
Und nie in Saus und Braus.

Auf einer dicken Decke,
Da saß der arme Floh
Vereinsamt in der Ecke.
Es hungerte ihn so.

Die Waldarbeiter waren
Nur äußerst selten hier.
Kein Mensch kam angefahren.
Drum hungerte das Tier.

Doch endlich war er heiter,
Der kleine Floh im Wald:
Da kam ein Waldarbeiter.
Dem wars ein bisschen kalt.

Drum nahm er sich die Decke
Und schlief, vergnügt und froh,
Und in der Deckenecke,
Da jubelte der Floh.

„Ha!", rief er. „Sieben Tage
Wars schlimm! Jetzt wird es gut!
Jetzt halt ich ein Gelage
Mit Waldarbeiterblut!"

Doch traf ihn, wie entsetzlich,
Ein großes Missgeschick:
Der Kerl war unverletzlich.
Die Haut war viel zu dick.

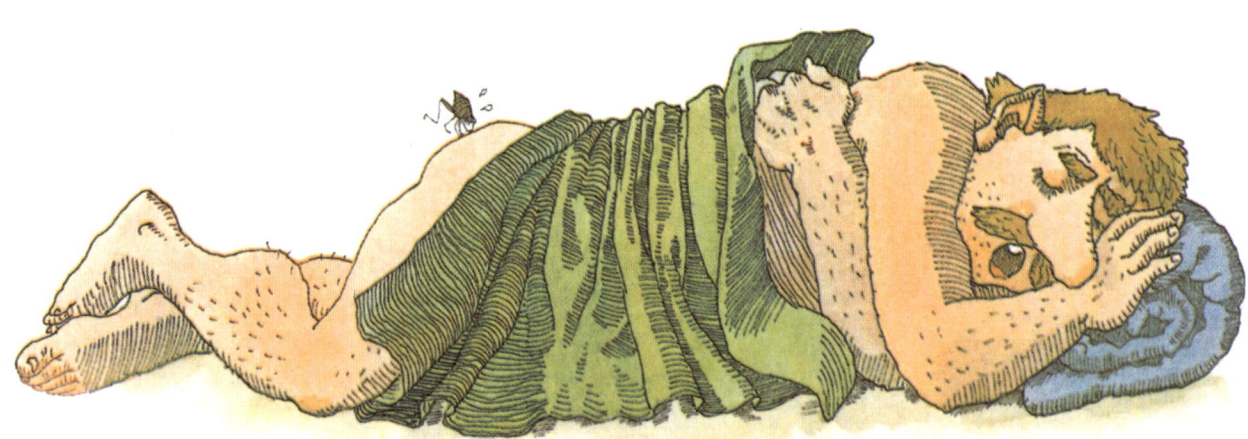

Der Stachel ging unmöglich
Durch diese dicke Haut.
Da hat der Floh unsäglich
Verwundert dreingeschaut.

Aus wars mit dem Gelage!
Der Floh zog müd und matt
Und noch am gleichen Tage
Zurück in seine Stadt.

Ein Floh braucht dünne Häute,
Und ist ein Floh gescheit,
Dann sucht ein Floh sich Leute
Und nicht die Einsamkeit.

96 Schneiderlein Schmock

Ein sch-Gedicht

Schmock war ein kleiner Schneider
Und allem Unsinn hold.
Ein Schlingel wars, ein Schäker,
Ein Schelm, ein Scherzebold.

Schmock scherzte schrecklich gerne,
Schmock schwindelte gewitzt,
Schmock lachte sich oft scheckig
Und schmunzelte verschmitzt.

Schmock hielt sich eine Schlange,
Drei Schafe und ein Schwein,
Zweihundert Weinbergschnecken
Und Schwalben obendrein.

Schritt Schmock am Sonntagmorgen
Still schmunzelnd durch den Ort,
Dann schrien die Kinderscharen:
„Schaut, schaut, der Schmock geht dort!"

Schmock nämlich trug die Schlange
Als Schmuckstück um den Hals,
Das Schwein schritt ihm zur Seite,
Die Schafe ebenfalls.

Zweihundert Weinbergschnecken,
Die krochen schleimig mit,
Und es umschossen Schwalben
Herrn Schmock auf Schritt und Tritt.

War Schmock vom Schreiten müde,
Bestieg er schnell das Schwein,
Schlief ein und ritt im Schlummer,
Schön träumend, querfeldein.

Doch wenn Schmock dann erwachte,
Dann schrie Schmock jedes Mal:
„Die Schnecken sind verschwunden!
Wie schrecklich! Wie fatal!"

Mit Schnalzen und mit Schreien
Ist Schmock herumgehüpft,
In Scheunen und in Schober
Ist Schmock hineingeschlüpft.

Schmock fand die Schnecken immer,
Zweihundert oder mehr,
Und scheuchte sie nach Hause
Und schimpfte dabei sehr.

Schmock war ein Schelm, ein Schlingel,
Und doch war Schmock beliebt.
Wie schade, dass es Schneider
Wie Schmock jetzt nicht mehr gibt!

97 Eine Frau und zweiundzwanzig Tiere

Es war mal eine Frau,
Die hatte einen Pfau.

Der Pfau war ihr zu bunt,
Da nahm sie einen Hund.

Der Hund war ihr zu brav,
Da nahm die Frau ein Schaf.

Das Schaf schrie nach dem Schäfer,
Da nahm sie einen Käfer.

Der Käfer kroch zu fleißig.
Da nahm sie einen Zeisig.

Der Zeisig sang zu viel.
Da kam ein Krokodil.

Das Krokodil war roh.
Da nahm sie einen Floh.

Der Floh stach sie ins Bein.
Da kaufte sie ein Schwein.

Das Schwein war ihr zu faul.
Da nahm sie einen Gaul.

Der Gaul war ihr zu forsch.
Da nahm sie einen Dorsch.

Der Dorsch war ihr zu nass.
Da kam ein kleiner Has.

Das Häschen war zu bange.
Da nahm sie eine Schlange.

Die Schlange war nichts nütz.
Da nahm sie einen Spitz.

Der Spitz war ihr zu weiß.
Da nahm sie eine Geiß.

Die Geiß war ihr zu kraus.
Da nahm sie eine Maus.

Die Maus war zu geschwind.
Da hielt sie sich ein Rind.

Das Rind zertrat die Brille.
Da nahm sie eine Grille.

Die Grille sang zu schlecht.
Da nahm sie einen Specht.

Der klopfte immerzu.
Da nahm sie eine Kuh.

Die Kuh nahm ihr den Platz.
Da nahm sie eine Katz.

Die Katz war ihr zu leise.
Da nahm sie eine Meise.

Die Meise war zu scheu.
Da kam ein Papagei.

Der Papagei schrie schändlich,
Und sie verstieß ihn endlich.

Was tat die Frau zum Schluss
Nach solcherlei Verdruss?

Sie baute einen Zoo
Auf ihrem Vertiko.

Nun kann sie ohne Klagen
Ein jedes Tier vertragen.

Denn Hase, Hund und Hahn,
Die sind
Aus Porzellan!

98 Die Senjorita und der Papagei

Auf den Kanarischen Inseln,
Da lebte ein Papagei,
Der konnte heulen und winseln
Und auch noch sprechen dabei.

Er sprach nur zwei Wörter. Nichts weiter.
Das eine Wort hieß: „Hallo!"
(Das krächzte er ständig und heiter.)
Das andere Wort hieß: „Yo."

Und kommt euch das spanisch vor, Kinder,
Dann stimmt das sicherlich.
Es ist spanisch, mehr oder minder.
„Yo" heißt ganz einfach: „Ich".

Einst stand eine Senjorita
Am Meere beim Abendlicht.
Das Fräulein hieß Carmensita
Und hatte ein hübsches Gesicht.

Es hatte, betrübt und alleine,
Sich an eine Palme gestellt
Und fragte im Abendscheine:
„Wer hat mich wohl lieb auf der Welt?"

Der Papagei, der versteckte,
Antwortete einfach: „Yo!"
Und weil er gern Leute neckte,
Drum rief er hernach noch: „Hallo!"

Zufällig ging auf den Stufen
Der Felsen ein Jüngling ans Meer.
Der hörte gleichfalls das Rufen
Und kam augenblicklich daher.

Er glaubte, dass Carmen ihn riefe.
Sie glaubte, er riefe sie.
Und es gluckste das Meer in der Tiefe
Eine zärtliche Melodie.

Da fragte die Senjorita
(Und wurde ganz rot im Gesicht):
„Ich heiße Carmensita.
Sie mögen mich leiden, nicht?"

Der Jüngling rief: „Aber natürlich!"
Und lachte und sagte: „Na klar!"
Dann küssten sie sich ausführlich
Und wurden am Ende ein Paar.

Sie haben bis jetzt nicht verstanden
(Und das ist das Nette dabei),
Dass sie sich ganz zufällig fanden
Durch einen Papagei.

99 Der Falke

Ich zog mir einen Falken,
Länger als ein Jahr.
Ich zähmte diesen Falken,
Weil er so lieb mir war.

Doch als ich ins Gefieder
Ihm goldne Schnüre wand,
Da flog er in die Lüfte
Und in ein andres Land.

Seither fliegt dieser Falke
Über den Ländern hin.
Es schimmert sein Gefieder
Mit goldnen Bändern drin.

Dehnt er im Licht die Flügel,
Glänzt er in goldnem Schein.
Gott sende die zusammen,
Die beieinand wolln sein!

*Aus dem Mittelhochdeutschen
nach Dem von Kürenberg*

DIE GEDICHTÜBERSCHRIFTEN IN ALPHABETISCHER REIHENFOLGE

Abgesang der Zirkustruppe *44*
Adler, Geier, Nebelkrähen *42*
Affenschule *60*
Als ein Delphin war ich verspielt und klug *11*
Als ich Kamel noch Klara hieß *18*
Als ich noch ein kleiner Fisch war *10*
Annabella Apfelstrudel *106*
Anzeigen aus dem Spatzenkurier *95*
Aus meinem Löwenleben *16*
Aus meiner Schildkrötenkindheit *12*
Barsch-Begräbnis *47*
Das berühmte Huhn *101*
Das Lämmlein Agathe *77*
Das Lied der Tritonen *92*
Das Nilpferdkind *90*
Das Reh *78*
Der arme Hund *28*
Der begossene Pudel *67*
Der Eisbär und das Hermelin *41*
Der Eisbär und die Königin *48*
Der Esel als Präsident *81*
Der Falke *114*
Der Floh im Wald *108*
Der Fox und die Hühner *68*
Der Fuchs und die Trauben *31*
Der gerissene Fuchs *30*
Der Hai und der Delphin *89*
Der Jäger Löffelmann *106*
Der Kanari und der Papagei *51*
Der Kater und die Maus *24*
Der kleine Dackel Kasimir *70*
Der Mops und das Kätzchen *71*

Der musikalische Hund *69*
Der Sperling und die Schulhof-Kinder *104*
Der Uhu und die Unken *99*
Der ungebetene Strauß *27*
Der verstörte Tausendfüßler *76*
Der Wassermann und die Krebse *91*
Der Windhund und der Löwe *25*
Der Wolf als Hirte *31*
Die Biene Liane *100*
Die blaue Blume und der Ziegenbock *79*
Die Giraffe und der Autobus *29*
Die kleinen Pferde heißen Fohlen *57*
Die kleinen Wellensittiche *58*
Die Löwenbändigerin *26*
Die Mücke Monika *97*
Die Reise nach Rom *100*
Die Senjorita und der Papagei *113*
Die Spi-Fo-Chow-Mo-Rasse *65*
Die Stadtmaus und die Feldmaus *24*
Die Verlobung des Auerhahns *39*
Die verzauberten Hasen *80*
Eine Frau und zweiundzwanzig Tiere *111*
Eine Mücke wollte reisen *98*
Einhornkinder *61*
Ein kleiner Schwan *56*
Ein Schäfchen kam im Mai daher *75*
Ein Seebär ist ein seltnes Tier *46*
Erinnerung an meine Eidechsenzeit *14*
Es sprach die Maus zum Floh *74*
Fritz und Bumm und Ganymed *104*
Hasenzirkus *36*
Hinterglastiere *87*
Hummerjan *88*
Hundesprache *72*
Ich möchte mal auf einem Seepferd reiten *84*

117

Ich war die Sonne auf dem Hühnerhofe *19*
Ich war ein Adler, und ich war es gern *20*
Ich war einmal eine Schnecke *13*
Kleine Füchse *58*
Kleine Hunde *59*
Kleine Hunde-Kunde *64*
Kleine Katzen *59*
Küken-Kindergarten *56*
Lamm und Kalb *82*
Lied des Menschen *10*
Medusen *85*
Mein Affenabenteuer *21*
Meine Gazellenjahre *15*
Mister Jamaica *53*
Morgenmusik *34*
Nilpferd-Hochzeit *40*
Nun bin ich Mensch *22*
Osterspaziergang *35*
Sardinen *85*
Schneiderlein Schmock *109*
Seefohlen *57*
Seeschlangensong *86*
Seltsames Zwiegespräch *66*
Spatzen-Internationale *94*
Spatzenlügen *52*
Spatz hört mit! *95*
Wann ist ein Phönix Kind? *62*
Wenn die Tiere Sachen machen *34*
Wenn Hasen reisen *38*
Wer erzieht den kleinen Elefanten? *60*
Zirkustierpläsierchen *43*

Die Deutsche Bibliothek – CIP-Einheitsaufnahme

James' Tierleben / James Krüss.
Mit Ill. von Eberhard Binder. –
Berlin : Kinderbuch-Verl., 1998
ISBN 3-358-02163-7

Kibu® Kinderbuch
© Copyright 1986 u. 1998 Der Kinderbuch Verlag, D-10711 Berlin
Alle Rechte vorbehalten,
auch die des auszugsweisen Abdrucks,
gleich welcher Medien
ISBN 3-358-02163-7